Claude Debussy

PELLÉAS ET MÉLISANDE

IN FULL SCORE

DOVER PUBLICATONS, INC.
MINEOLA, NEW YORK

A la mémoire de
GEORGES HARTMANN

Et en témoignage de profonde affection à
ANDRÉ MESSAGER

To the memory of
GEORGES HARTMANN

And in witness of my deep affection for
ANDRÉ MESSAGER

Bibliographical Note

This Dover edition, first published in 1985 and reprinted in 2010, is an unabridged republication of the work originally published by E. Fromont, Editeur, Paris, in 1904. The frontmatter has been adapted and translated into English from the French especially for the Dover editon.

International Standard Book Number

ISBN-13: 978-0-486-24825-7
ISBN-10: 0-486-24825-9

Manufactured in the United States by Courier Corporation
24825909 2015
www.doverpublications.com

PELLÉAS ET MÉLISANDE

Lyric drama in 5 acts by Maurice Maeterlinck

Music by Claude Debussy

DRAMATIS PERSONAE

PELLÉAS, **GOLAUD** } grandsons of Arkël
ARKËL, king of Allemonde
THE CHILD YNIOLD
A DOCTOR
A SHEPHERD
MAIDSERVANTS
MÉLISANDE
GENEVIÈVE, mother of Pelléas and Golaud

CONTENTS

PELLÉAS ET MÉLISANDE

Drame lyrique en 5 actes de Maurice Maeterlinck

Musique de Claude Debussy

DRAMATIS PERSONAE

PELLÉAS } petits-fils d'Arkël
GOLAUD }

ARKËL, roi d'Allemonde

LE PETIT YNIOLD

UN MÉDECIN

UN BERGER

SERVANTES

MÉLISANDE

GENEVIÈVE, mère de Pelléas et de Golaud

INDEX

ACTE I

Une forêt

1
Fl.
C.a
Cl.
Bons
1°
pp
Timb
2d Von
pp div.
Alt.
pp très expressif
Velle
pp très expressif
C.B.
Fl.
1° Solo
Htb.
p doux et expressif
C.a.
Bons
Timb.
2d Von
pp sur la touche
Alt.
pp sur la touche
Velle
pizz.
C.B.
Tutti div. pp

2
Fl.
Htb.
più p
un peu en dehors
C.a.
1° Solo
Cl.
p doux et expressif
1°
2° p
Bons
3°
p
1°
Cors
p
Timb.
tr
ppp
2
1r Von
2d Von
Alt.
arco
Velle
pp
div.
C. B.

à 2
Fl.
Htb.
C.a.
Cl.
Bons
Cors
Timb.
RIDEAU
1r Von
2d Von
Alt.
Velle
C. B.
arco
unis
più p

p molto dim.
3
Entre Golaud
Cl.
1°
Bons
p molto dim.
3°
pp
1° 2°
pp
più pp
Cors
3°
pp
Timb.
pp
3
Alt.
pp
Otez vite les sourdines
Velle
molto dim.
div. en 4
pp
molto dim.
più pp
C.B.
molto dim.
pp
Cl.
pp
Bons
1°
pp
sourdines
Cors
Timb.
GOLAUD
Je ne pourrais plus sortir de cet_te fo _ rêt.
moins lent
Otez les sourdines
Alt.
pp
Velle
div. en 2
Otez les sourdines
pp
C.B.

4
Cl.
Bons
Cors
Go.
2d Von
Alt.
Velle
C.B.
à 2
1o
3o
cuivrez
cresc.
Dieu sait jus _ qu'où cet _ te bê _ te m'a me _ né
Je croyais ce_pendant l'a_voir bles_
sans sourdines
pizz
div.
pizz.
dim.
_sée a mort; et voi _ ci des traces de sang
Mais mainte _ nant, je l'ai perdue de
revenez au mouvt
Vons
arco
div.
unis
più p

5
Cl.
2°
pp
Bons
3°
pp
dim.
più p
pp
Cors
p
più p
dim.
pp
Go.
vue
Je
crois que je me suis perdu moi-mê_me
et mes chiens ne me re_
trouvent plus
5
Vons
pp
pizz
pp
Alt.
pp
Velle
pp
C.B.
arco
6
Htb.
1° très doux
p
molto
doux et expressif
Cl.
1°
p expressif
je vais re_ve_ nir sur mes pas...
J'entends pleurer
6
1r Von
3 1rs Vons Soli
1°
2°
3°
mf
2d Von
arco
più p
div.

Htb.
Go.
1r Von
1º
p
più p
3
Oh! oh! qu'y a t'il là au bord de l'eau?
U_ne pe_ti_te fil_le qui pleure au bord de l'eau
mf
Bons
Cors
Vons
Alt.
Velle
7
1º
Elle ne m'entend pas. Je ne vois pas son vi_sa_ge.
Pourquoi pleures-
7 Tranquille
unis
pizz
pp
arco
dim.
unis
div.
en animant
au mouvt
4º
dim.
tu?
N'ayez pas peur. Vous n'a_vez rien à crain_dre.
6 1rsVons
1º Solo
pizz.
mf

Htb.
Bons
MÉLISANDE
Ne me touchez pas, ne me touchez pas!
Go.
Pourquoi pleu_rez - vous i_ci, tou_te seu_le
N'ayez pas peur... Je ne vous fe_rai
Tous_div.
arco
Alt.
div.
Velle
animé
8
M.
Ne me touchez pas!
Ne me touchez pas ou je me jette à
au mouvt
l'eau!..
pas... Oh vous ê_tes bel_le
Je ne vous tou_che
unis
Vons
C.B.
pizz
Cors
1°
doux et expressif
9
pas... Voy - ez, je reste_rai i - ci, contre l'ar_bre.
N'ayez pas peur...
Quelqu'un vous a
expressif
div.

10 En animant
dim. molto
Htb.
Cl.
Bons
Cors
M.
Go.
1r Von
Alt.
Velle
C.B.
1º Solo
2º
1º Solo
p expressif
dim.
Otez les sourdines
Oh! oui! oui! oui!
t'il fait du mal?
Qui est ce qui vous a fait du mal?
Tous div.
à 6
pp avec la pointe
unis pizz arco
poco rit.
C.a.
cresc.
dim.
1º 2º
Tous! tous!
Je ne veux pas le dire! Je ne peux pas le di - re
Quel mal vous a t'on fait
pos. nat.
Vons
div.
pizz
arco
cresc.

11 tempo
Htb.
C.a.
Cl.
Bons
Cors
Go.
à 2
1° 3°
3°
cre - scen - do
cresc.
Voy_ons;
ne pleu_rez pas ain_si.
D'où venez-vous?
Vons
Alt.
Velle
C.B.
div.
très expressif
pizz
pressez
1er mouvt
12 Lento
Fl.
M.
1° 2°
1° Solo
Je me suis enfuie!..
enfuie!..
enfui - e!..
Je suis per_
Oui,
mais d'où vous ê_tes-vous en_fuie?
unis
sourdines

Fl.
Htb.
Cl.
Bons
M.
Go.
Vons
Alt.
à 2
div.à 4
pizz
div.
retenu
-du - e!.. perdu-e
Oh! oh!
per-due i - ci
Je ne suis pas d'ici
Je ne suis pas née là
D'où êtes-vous?
sourdines
modéré
13
C.a.
Cors
Velle
à 3
Otez les sourdines
Oh! oh! loin d'ici loin.. loin...
Où ê-tes-vous né - e.
Qu'est-ce qui brille ainsi au fond de
unis
arco
p doux et express.

plus modéré
retenu
Fl.
Htb.
C.a.
Cl.
Bons
M.
Go.
piu p
1°
p
pp
Où donc? Ah! c'est la couronne qu'il m'a don_né_e. Elle est tombée en pleu_rant...
l'eau
Otez les sourdines
Vons
Alt.
Velle
C.B.
div.
pizz
dim.
U_ne cou_ron_ne. Qui est-ce qui vous a donné u_ne couron_ne Je vais es_say_er de la pren_dre
animez
accell.
cresc.
unis

14 Animé
Fl.
Htb.
C.a.
Cl.
Bons
M.
Non! non! je n'en veux plus! je n'en veux plus!.. Je pré-fè-re mou-
2d Von
Alt.
Velle
arco
cre - scen - do
-rir Mou-rir tout de sui - te
Go.
Je pourrais la re-ti-
sur la touche

Htb. — 1° *mf* — à 2 *mf* *cresc.*

C.a. — *mf*

Cl. — *mf* — *cresc.*

B^ons — *p*

M. — Je n'en veux plus! Si vous la re_ti_rez,

Go. — _rer fa_ci_lement l'eau n'est pas très pro _ fon _ de

2^d V^on — div. *mf* — *cresc.*

Alt. — *mf* pos. nat. — div. *cresc.*

V^elle — *mf* pos. nat. — *cresc.*

Fl. — à 2 *f*

Htb. — *f*

C.a. — *f*

Cl. — *f*

M. — je me jette à sa pla _ ce

Go. — Non, non; je la laisserai là,

V^ons — div. *f* — suivez — **15** tempo

Alt. — *f* — unis

V^elle — *f* — *dim.* *mf*

15 tempo

Fl.
Htb.
C.a.
Cl.
Bons
Cors
M.
Go.
2 1rs Vons (soli)
Vons
Alt.
Velle
à 2
1°
1° 2°
3°
retenu
dim.
doux et expressif
div.
2 1rs Vons Soli
On pourrait la prendre sans peine cependant
Elle semble très belle
Y a t'il longtemps que vous avez fui
Oui

Très large
16 Poco mosso
Fl.
Htb.
C.a.
Cl.
Bons
Cors
M.
Go.
Vons
Alt.
Velle
C.B.
Solo
p doux et expressif
p très soutenu
dim.
3o
4o
oui... qui êtes vous
Je suis le prince Goland le petit fils d'Arkel le vieux roi d'Allemon_de.
Oh! vous a_
pizz
arco
div.
pp
f très soutenu
dim.

Fl.
Htb.
C.a.
Cors
M.
Go.
Vons
Alt.
Velle
C.B.
2°
1° Solo
1°
2°
-vez dé-jà les cheveux gris
Et la barbe aussi
Oui,
quelques uns, i-ci près des tem-pes...
div.
div.
arco
div.
Cl.
Bons
Pour-quoi me regardez-vous ain si
Je re - gar - de vos yeux
Vous ne fermez jamais les yeux
expressif
pizz
arco
pizz
arco
pizz

17
Fl.
1° 2°
p
più p
Htb.
più p
Bons
p
sourdines 1°
Cors
sourdines
3°
pp
più pp
3°
M.
Si, si, je les fer_me la nuit...
Go.
Pourquoi a_vez-vous l'air si
17
Vons
pp
pizz pp
più pp
Alt.
pp
più pp
arco
Velle
pp
più pp
pizz p
C.B.
pp
Bons
p
1°
Cors
3°
p
pp
M.
Vous ê_tes un gé_ant
Pourquoi ê_tes-vous venu i_ci
Go.
étonné e
Je suis un homme comme les au_tres...
Je n'en sais
arco
2d Von
p
più p
Alt.
Velle
arco
p
più p
C.B.

très rythmé et animé
marcato
Htb.
C.a.
Cl.
Bons
à 2
Cors
Go.
rien moi même
Je chas_sais dans la forêt
je poursui_vais un sanglier
Vons
unis
pizz
Alt.
Velle
C.B.
18
Tranquille
Fl.
dim.
molto dim.
Otez les sourdines
je me suis trompé de chemin
Vous a_vez l'air très jeu_ne
Quel âge avez-vous?
arco
p expressif
div.

Fl.
Htb.
C.a.
Cl.
Bons
Cors
M.
Go.
Vons
Alt.
Velle
C.B.
1°
sempre pp
1°2°
1°3°
Je commence à a_voir froid
Non, non;
Je reste i_ci
Voulez-vous venir avec moi
Vous ne pouvez
pizz
sur la touche
pizz
div.
pizz
19
Animé
pas rester i_ci toute seu - le
Vous ne pouvez pas rester i_ci tou_te la nuit!..
Comment vous nommez-
dim.
arco
arco
arco
div.

animando
C.a.
Cl.
Bons
Cors
M.
Mé_li_san _ de
Je reste i _
Go.
vous?
Vous ne pouvez pas rester i_ci, Mélisan _ de
Venez avec moi
pizz
animando
Vons
Alt.
arco
Velle
C.B.
Htb.
M.
_ci
Go.
Vous aurez peur, toute seu _ le.
On ne sait pas ce qu'il y a i_ci...
tou_te la nuit, tou_te seu _ le
div. arco
2d Von
arco

retenu
au mouvt (animé)
1° Solo
Htb.
Cl.
Bons
Cors
M.
Go.
2d Von
Alt.
Velle
C.B.
p doux et expressif
express.
pizz
arco
div.
1° 3°
Oh! ne me touchez
Ce n'est pas pos - si - ble. Mélisande, venez donnez-moi la main
pas
Ne criez pas ...
Je ne vous toucherai plus.
Mais ve_nez avec moi
Vons
cresc.
cre - scen - do

20
1° tempo très modere
Fl.
Htb.
C.a.
Cors
Timb.
M.
Go.
pp
1°
1°3°
sourdines
tr
piu p
Ou allez-vous?
La nuit se_ra très noire et très froi _ de
Ve_nez a_vec moi
Je ne sais
20
1° tempo très modéré
pp subito
sur la touche
pos. nat.
ppp
Vons
Alt.
Velle
C.B.
1° tempo
21
Fl.
C.a.
Cl.
Bons
Cors
Go.
piu pp
2°
piu
Otez les sourdines
pas...
Je suis perdu aus _ si
1° tempo
RIDEAU
21
pp soutenu
div.
soutenu
pizz
arco

Fl.
C.a.
Bons
Cors
1° 2°
Timb.
tr
Même mouvt (sans lenteur)
Vons
Alt.
unis
Velle
unis
C.B.
Htb.
Cl.
1°
Bons
Cors
2°
4°
Timb.
2d Von
Alt.
Velle
C.B.

Fl.
Htb.
C. a.
B^ons
Cors
V^elle
C. B.
pp
1°
3°
1° 2°
p
più p
più pp
Fl.
Htb.
Cors
2^d V^on
Alt.
V^elle
C. B.
unis

Cl.
Bons
Vons
div.
div.
Alt.
Velle
C.B.
Fl.
Htb.
C.a.
Cl.
Bons
2° 3°
Cors
3°
4°
Vons
Alt.
Velle
più p
C.B.
p dim.

B^ons
Cors
Timb.
V^ons
Alt.
V^elle
C.B.
1° 2°
2°
4°
tr
pp
più pp
div.
p
mf
Un peu moins lent (le rythme très accentué)
Htb.
Cl.
B^ons
Cors
Trb.
V^ons
Alt.
V^elle
C.B.
pizz.

Fl.
Htb.
C. a.
Cl.
Bons
Cors
Trp.
Trb.
Vons
Alt.
Velle
C. B.
cresc.
dim.
très en dehors
à 2 grave et expressif
RIDEAU
dim. molto
arco
1°
3°

SCENE II. — Un appartement dans le chateau. Arkel et Geneviève
22
retenu
Fl.
Htb.
Cl.
Bons
Cors
Trb.
GENEVIÈVE
Voi_ci ce qu'il é_
Vons
Alt.
Velle
C.B.
modéré
23
Ge.
_crit à son frère Pel_lé_as;
Un soir je l'ai trou_vée tout en pleurs au bord d'une fon_taine,_
Dans la fo_
2d Von
arco

sans rigueur dans la mesure
Ge.
-rêt ou je m'é-tais perdu. Je ne sais ni son â-ge, ni qui elle est, ni d'où el-le vient et je n'o-se pas l'in-ter-ro-ger,
Vons
div.
pp
Alt.
Velle
cédez sur le mouvt dans ces 2 mesures
à 2
Fl.
Htb.
1º
Car el-le doit a-voir eu u-ne grande é-pou-van-te, Et quand on lui de-man-de ce qui lui est ar-ri-vé, el-le
pleu-re tout a coup comme une en-fant et san-glot-te, si pro-fon-dé-ment qu'on a peur.
unis
pizz.
arco

Ge.
Alt.
Velle
div.
pp
Il y a main_te_nant six mois que je l'ai é_pou_sée, et je n'en sais pas plus que le jour de no_tre ren_
24
Bons
1º Solo
p expressif
_con_tre En at_ten_dant mon cher Pél_lé_as, toi que j'aime plus qu'un fre_re, bien que nous ne soyons pas
Cors
C.B.
dim. et rit.
2º
4º
nés du même pè_re, en at_tendant prépa_re mon re_tour. Je sais que ma mè_re me par_don_ne_ra vo_lon_
unis
unis.pizz
arco
pizz.
25
1º 2º 3º
dim.
_tiers. Mais j'ai peur d'Ar_kel malgré tou_te sa bon_té. S'il consent né_anmoins à l'accueillir comme il accueil_le_
p très expressif
4 C.B. Soli

à 2 poco più
Fl.
p
cresc.
Cors
1°
p
cresc.
Ge.
_rait sa propre fil - le,
le troi_siè_me jour qui sui_vra cet_te
let_tre,
al_lume u_ne lampe au sommet de la
poco più
V^elle
pp
p
cre
scen
unis
C.B.
pp
p
cre
scen
rit.
Toujours retenu
Fl.
p expressif
B^ons
1°
p
2°
mf
p
Cors
1°
mf
p
3°
mf
p
Ge.
tour qui re_gar_de la mer
Je l'a_per_ce_vrai du pont de no_tre na - vi - re;
Si - non j'i_rai plus loin et ne re_viendrai
rit.
Toujours retenu
V^ons
pp
pp
Alt.
mf
p>pp
dim.
pp
V^elle
do
mf
dim.
p>pp
pp
C.B.
do
mf
pp

Lent
26
Bons
Cors
Trb.
Ge.
plus…»
Qu'en dites-vous?
ARKEL
Je n'en dis rien.
Vons
Alt.
Velle
C. B.
pizz
arco
p très expressif
pp très expressif
4 C.B. Soli
27
Très modéré
à 2
A.
Ce - la peut vous paraître é - tran - ge par ce que nous ne vo - yons ja - mais que l'en - vers des des - ti - nées… l'envers
Velle et C. B.
Tutti

Animé très peu
Htb.
C.a.
Cl.
B^ons
Cors
A.
Alt.
V^elle
C.B.
Solo
p expressif et soutenu
1°
p
più p
1°
p
p
1°
pp
3°
pp
même de la no _ tre...
Il a_vait toujours sui _ vi mes conseils jusqu'i_ci;
J'avais cru le rendre heu_
div.
pp
div.
pp
p
p
28
1°
p doux (un peu en dehors)
più p
p
p
p
3°
p
pp
3°
4°
pp
_reux en l'en_vo_yant de_man_der la main de la princesse Ur _ su _ le
28
unis
p
pp
dim.
p
pp
pp

Htb.
C. a.
Cl.
Cors
A.
Alt.
Velle
C.B.
1°
1° 2°
p
cresc.
dim.
unis
piu p
pp
Il ne pouvait pas res_ter seul, et de_puis la mort de sa femme il é_tait tris_te d'ê_tre seul; et ce mariage al_lait met_tre
Bons
à 2
retenu
2°
3°
sf p
sf
fin à de longues guer_res à de vieilles hai_nes...
Il ne l'a pas vou_lu ain_si.

29
1º mouvt
à 2
Fl.
Htb.
C.a.
Cl.
Bons
Cors
1º
2º
3º
Trp.
Trb.
Tuba
Timb.
A.
Qu'il en soit comme il a vou_lu: je ne me suis ja_mais mis en tra_vers d'u_ne des_ti_né - e
Vons
div.
Alt.
Velle
C.B.
cre - - scen - - do
cresc.
dim.

30 Lent
Bons
Cors
Trp.
Trb.
Tuba
Timb.
A.
Vons
Alt.
Velle
C. B.
p
più p
pp
pp très soutenu
3°
4°
à 2
tr
Il sait mieux que moi son a_ve_nir
Il n'ar_ri_ve peut-ê_tre pas d'é_vé_ne_ments i_nu_ti_les
p très soutenu et très expressif

modéré
Htb.
Bons
Cors
Trb.
Tuba
GENEVIÈVE
Mettez les sourdines
Il a toujours é _ té si prudent, si grave et si fer _ me
modéré
Vons
div.
Alt.
Velle
C. B.
Htb.
C. a.
Bons
Ge.
Depuis la mort de sa femme, il ne vivait plus que pour son fils le pe_tit Y _ niold. Il a tout ou_bli _ é Qu'allons-nous
Vons
Alt.
div.
Velle

31
Animez un peu
Entre Pélléas
Fl.
p doux et expressif
più p
Cl.
1°
pp
p
Ge.
fai - re...
C'est Pél_lé - as
ARKEL
Qui est-ce qui en_tre là?
2d Von
pizz.
pp
Alt.
4 Soli
p
Fl.
à 2
p
32
retenu
Cl.
Solo
p un peu en dehors
Bons
1°
2°
sourdines
Cors
sourdines
sourdines
3°
Ge.
Il a pleu - ré.
A.
Est-ce toi Péllé - as?
Viens un peu plus près que je te
32
retenu
Vons
arco
div.
Alt.
Tous
unis
div.
Velle
1rs
div. en 2
2°

modére
1°
Htb.
C.a.
Cl.
Bons
A.
voie dans la lumiè - re
PÉLLÉAS
Grand pè_re, j'ai re_çu, en même temps que la lettre de mon frè_re, une autre let_tre;
modéré
Vons
pizz.
Alt.
pizz.
pizz.
Velle
même mouvt
1°
pp doux et expressif
P.
u_ne let_tre de mon a_mi Mar_cel_lus... Il va mou_rir et il m'ap_pel_le, il dit qu'il sait ex_ac_tement le
même mouvt
div.
pp doux et expressif

en animant
Htb.
C.a.
Cl.
ARKEL
Il fau_
P.
jour où la mort doit venir...
Il m'a dit que je puis ar_ri_ver a_vant
el_le si je veux, mais qu'il n'y a
pas de temps à per_dre
en animant
Vons
pizz
Alt.
pizz
1° tempo plus modéré
33
Cl.
Bons
A.
_drait at_ten _ dre quelque temps ce_pendant...
Nous ne sa_vons pas ce que le re _ tour de ton frère nous pré_pa _ re,
1° tempo plus modéré
Vons
arco div.
arco
div.
Alt.
Vlle
C.B.

Cors
A.
et d'ailleurs ton père n'est-il pas i_ci au dessus de nous, plus ma_la_de peut ê_tre que ton a_mi...
Pourrais-tu choi_
sourdines
Vons
dim.
très expressif
Alt.
Velle
C. B.
Fl.
à 2
C.a.
Cl.
Bons
GENEVIÈVE
Aie soin d'al_lu_mer la lampe dès ce soir Pélléas
_sir en_tre le père et l'a_mi,
RIDEAU
2d Von
div.
4 C.B. Soli

34
Fl.
1°
Cl.
1°
2° 3°
B^ons
sourdines
1°
Cors
sourdines
1° V^on Solo sans sourdine
3°
34
V^ons
pizz.
arco
div.
Alt.
Velle
C.B.
2°
Tous
unis
arco
rit.
dim.
Plus modéré
pp et très expressif
2 C.B. Soli

animez et augmentez peu à peu
Vons
Alt.
Velle
C.B.
au mouvt
en retenant
Fl.
Htb.
Cl.
Bons
Cors
1o Solo
p expressif
morendo
dim. molto

SCÈNE III — Devant le château

Un peu moins lent
36
Fl.
Cl.
Cors
M.
Vons
Velle
C. B.
più p
dim.
pp
1°
Il fait som_bre dans les jardins.
Et quelles fo_
Un peu moins lent
36
pizz.
div.
arco
Htb.
cuivrez sans dureté
3° p
_rêts, quelles fo_rêts tout autour des pa _ lais!...
GENEVIÈVE
Oui; ce _ là m'étonnait aus _ si quand je suis ar_ri_vé i_ci;
Alt.

Fl.
Htb.
Cl.
Bons
Cors
Ge.
2d Von
Alt.
Velle
div.
arco
pizz
et ce_là é_ton_ne tout le mon _ de
Il y a des endroits où l'on ne voit ja _ mais le soleil.
Mais l'on s'y fait si
C.a.
Vons
C.B.
37
cresc.
vi_te... Il y a longtemps...il y a longtemps...
Il y a presque quarante ans que je suis i _ ci.
Re-gar_
Otez les sourdines
sur la touche

38
Animé
de la mesure précédente
Fl.
Htb.
C. a.
Cl.
Bons
Cors
1°
Sans sourdine
cresc.
dim.
3°
Sans sourdine
cresc.
dim.
MÉLISANDE
J'entends du
Ge.
_dez, de l'au_tre co _ té, Vous aurez la clar _ té de la mer.
38
Animé
Vons
Alt.
p expressif
Velle
pizz.
div.
C.B.
pizz.
arco
div.
pizz.

Fl.
Htb.
C.a.
Cl.
Bons
Cors
M.
Ge.
Vons
Alt.
Vlle
C.B.
sf > pp
p expressif
pp
p
3o
pizz.
div.
arco
pizz. pp
bruit au dessus de nous
Oui; c'est quelqu'un qui monte vers nous
Ah! c'est Pellé_as...
Il semble encore fa_ti_gué de vous a_

39
Plus animé
Fl.
p cre - scen - do
f
Htb.
C.a.
Cl.
Bons
Cors
mf
M.
Il ne nous a pas vu - es.
Ge.
voir attendu si longtemps
Je crois qu'il nous a vues, mais il ne sait ce qu'il doit faire
Pélléas,
Pélléas,
Vons
pp
arco
Alt.
Velle
mf
C.B.

40
Sans lenteur
1° Solo
p expressif
più p
1° 2° 3°
Fl.
Htb.
C. a.
Cl.
Bons
Cors
Ge.
Est-ce toi?
Nous aus - si, nous cherchions la clarté.
PÉLLÉAS
Oui! Je ve - nais du cô - té de la mer...
div. à 4
div.
pizz.
pp
Vons
Alt.
Velle
C.B.

Fl.
Htb.
C.a.
Cl.
Bons
Cors
Timb.
Ge.
I _ ci il fait un peu plus clair qu'ailleurs
et cependant la mer est som_bre
P.
Nous aurons u_ne tempê_te cet_te
Vons
div.
pizz.
Alt.
arco
Velle
C.B.

1° 2°
Fl.
Htb.
C.a.
Cl.
1°
Bons
2°
sourdine
sourdine 1°
dim.
più p
Cors
4°
sourdine
Timb.
ppp
morendo
MÉLISANDE
P.
nuit il y en a toutes les nuits depuis quelque temps et cependant elle est si
calme maintenant...
On s'embarquerait sans le sa_
Vons
Alt.
Velle
C.B.

41
C. a.
p
più p molto dim.
pp
Cl.
più p
molto dim.
Bons
molto dim.
2°
3°
Cors
più p
più p molto dim.
4°
Timb.
ppp
M.
Quelque chose sort du port
P.
voir et l'on ne reviendrait plus.
Il
Voix dans la coulisse
CONT.
Ho - é! Hisse hoé!
Ho - é!
TEN.
Hisse hoé!
BAS.
Ho_é! Ho_é! Ho - é!
En animant
Vons
Alt.
Vlle
ppp sur la touche
C.B.
ppp sur la touche

2°
Bons
3°
2°
1° sourdine
Cors
4°
3° sourdine
Timb.
M.
Ge.
P.
faut que ce soit un grand navi - re. Les lu - mières sont très hautes, nous le verrons tout à l'heure quand il en-tre-ra dans la bande de clar-
C.
Ho - é! Hisse ho-é! Ho - é!
T.
Ho - é! Ho-é! Hisse hoé!
B.
Ho - é! Ho-é! Ho - é!
Vons
Alt.
Velle
C.B.

42
même mouvt
Fl.
1º 2º
Bons
Cors
1º
3º
Trp.
sourdine
Timb.
Ge.
Je ne sais si nous pourrons le voir; Il y a en _ cor u_ne brume sur la mer
P.
_té
On di _ rait que la brume_ s'é _ lè_ve
C.
Ho _ é!
T.
Hisse ho_ é!
B.
Ho _ é!
42
même mouvt
Vons
div.
unis
Alt.
Velle
pizz.
div.
arco
C.B.
pizz.
arco

Fl.
Htb.
Cl.
Bons
1º 2º
Cors
ouvert
ouvert
Trp.
MÉLISANDE
Oui, j'a-perçois là-bas, u-ne pe-ti-te lu-mière que je n'avais pas
P.
len-te-ment...
Vons
div.
unis
div
unis
Alt.
pizz.
div.
arco
unis
pizz.
arco
Velle
pizz.
arco
pizz.
arco
C.B.

Fl.
Htb.
Cl.
B^ons
Cors
Trp.
M.
P.
V^ons
Alt.
V^elle
C.B.
en animant
2°
1°
Sourdines aux 4 Cors
vue
C'est un pha - re
Il y en a d'au - tres que nous ne voyons pas en-
div.
unis
arco
pizz.

Fl.
Pte Fl.
Htb.
C.a.
Cl.
Bons
Cors
M.
Le na - vire est dans la lu - miè - re, Il est dé - jà bien
P.
- co - re.
Vons
arco
pizz.
Alt.
Vlle
C.B.

43
au mouv!
1er Solo
pp
pp
doucement expressif
un peu en dehors
Fl.
Htb.
piu p
C.a.
Cl.
Bons
Cors
sourdines
M.
loin
C'est le na - vire qui m'ame_né i_
P.
Il s'é_loigne à tou_tes voiles
C.
T.
Hisse hoé!
B.
Vons
dim. molto
unis
Alt.
sur la touche
Velle
arco
1º pizz
C.B.
2º arco

Fl.
più p e molto dim.
Htb.
più p e molto dim.
C.a.
Cl.
pp
Bons
pp
più pp
pp
più pp
Cors
p
pp
3°
pp
Trp.
1° 2°
pp
dim.
M.
ci Il a de grandes voi_les
Je le re_con_nais à ses voi_les
P.
Il au_ra mauvai_se
C.
Ho - é! Hisse hoé!
T.
Hisse hoé!
Hisse hoé!
B.
Hisse hoé!
Vons
pp
div.
pizz.
unis
pp
Alt.
arco
pizz
pp
Velle
p
C.B.
pizz
pp

44
Htb
C.a.
Cl.
Bons
Cors
Trp.
M.
P.
C.
T.
B.
Vons
Alt.
Velle
C. B.
pp
p
più pp
più p
dim.
1°
2°
Pour_quoi s'en va t'il cette nuit
On ne le voit presque
mer cet_te nuit
Hisse hoé !
sourdines
div.
arco

Htb.
C.a.
Cl.
Bons
Timb.
M.
plus Il fe_ra peut-ê_tre nau _ fra_ge
P.
La nuit tombe très vi _ te
C.
pp très lointain
Ho _ é!
T.
pp très lointain
Ho _ é!
B.
pp très lointain
Ho _ é!
Vons
sourdines
Alt.
sourdines
Velle
dim.
più pp
ppp
sourdines
C.B.
dim.
più pp
ppp

45
sans lenteur
Fl.
Cl.
morendo
morendo
Cors
Timb.
Ge.
Il est temps de ren_trer. Pél_lé_as, montre la
C.
Ho_é!
T.
Ho_é!
B.
Ho_é!
45
sans lenteur
sur la touche
sur la touche
Vons
Alt.
pizz
Velle
div.
pizz
C.B.

Fl.
Htb.
Cl.
Cors
M.
Ge.
route à Mélisan_de. Il faut que j'aille voir un ins_tant le petit Y _ niold.
P.
On ne voit plus rien sur la mer
Vons
Alt.
Velle
C.B.
pp
1°
3°
pizz
arco
div.
p

46
Fl.
Htb.
C.a.
Cl.
Bons
Cors
M.
P.
Vons
Alt.
Velle
C.B.
piu p
dim.
div.
div. pizz
arco
piu p
dim. molto
Je vois d'autres lumières
Ce sont les au_tres pha_res...
Entendez-vous la mer?
C'est le vent qui s'é_

1°
Bons
Timb.
M.
P.
Vons
Alt.
Velle
C.B.
pp
più pp
Voyez, voyez j'ai les mains
_lè _ ve
Descendons par i _ ci. Voulez-vous me donner la main?
un peu cédé
unis
div.
arco
pizz.
Plus lent (jusqu'à la fin de l'acte)
47
1° Solo
Fl.
Htb.
Cl.
p très expressif
p expressif e dim. molto
2°
pleines de fleurs
Je vous soutien _ drai par le bras, le che_min est escarpé et il y fait très sombre
C.B

48
à 2
p express
I° solo
più p
pp
1° 2°
Fl.
Htb.
C.a.
Cl.
B^ons
Cors
1°
M.
Oh!.. pourquoi partez - vous?
P.
Je pars peut-être demain
suivez 48
V^ons
div.
pizz
Alt.
più pp
V^elle
C.B.
1^r pupitre soli
Toutes

ACTE II

SCÈNE I — Une fontaine dans le parc.

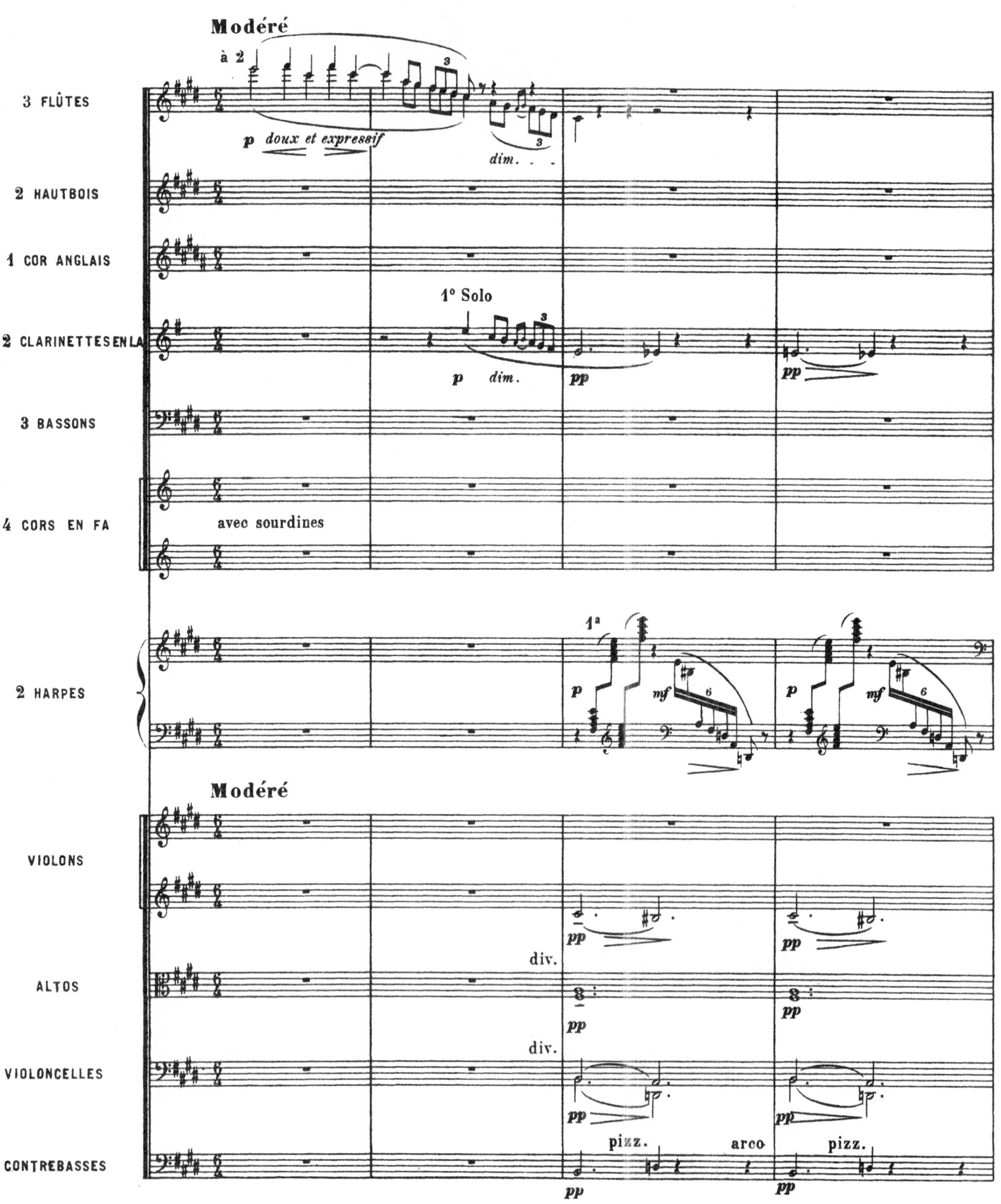

Fl.
Htb.
Bons
1re Harpe
Vons
Alt.
Velle
C.B.
à 2
1°
pizz
div. arco
à 4
1° 2°
3°
Cl.
Cors
1° sourdines
sourdines 3°
Harpe
RIDEAU
un peu plus mouvementé
Entrent Pélléas et Mélisande
arco
4 C.B. Soli 1° 2°
3° 4°

Fl.
Cl.
Bons
Cors
PÉLLÉAS
P.
Vous ne sa_vez pas où je vous ai me né _ e?
Vons
Alt.
Velle
C.B.
Je viens souvent m'as_seoir i _ ci, vers mi _ di,
lors_qu'il fait trop chaud dans les jar _ dins.
DIV. à 6
arco
pizz
div.
à 4
dim.

3
Fl.
Htb.
C.a.
Cl.
Bons
Cors
1re Harpe
MÉLISANDE
Oh! l'eau est clai _ re...
P.
On é_touffe aujourd'hui même à l'ombre des ar _ bres.
Vons
pizz
arco
Alt.
Velle
C.B.

Fl.
Cors
1re Harpe
P.
Elle est fraiche comme l'hiver
C'est u_ne vieille fontaine abandonné_e
Il pa_rait que c'é_
Vons
div.
Alt.
arco
Velle
C.B.
pizz
Fl.
Htb.
C. a.
Cl.
Bons
Cors
1° 2°
dim.
retenu
P.
_tait u_ne fontai_ne mi_ra_cu_leu _ se,
elle ouvrait les yeux des a_veu _ gles
On
l'appelle encore "la fontaine des a_
retenu
Vons
Alt.
div. à 3
unis
Velle
arco
C.B.
div.
più p

4 1er mouvt

à 2

Fl.
Bons 1° p
Cors 4° pp
M. El_le n'ouvre plus les yeux des a_veu_gles
P. _veu _ gles" De _ puis que le roi est presque a_veugle lui-mê_me,

4 1er mouvt

Vons p dim. ... p dim. ...
p dim. ... p dim. ... piu p e molto dim.
Alt. p dim. ... p dim. ... div. piu p e molto dim.
Vlle p dim. ... p dim. ... piu p e molto dim.
C.B

retenu — a tempo

Fl. p 1°
Cl. p
Cors 4° pp
1re Harpe pp
M. Comme on est seul i_ci... on n'en_tend rien...
P. On n'y vient plus... Il y a toujours un silence ex_

retenu — a tempo

Vons 4 1rs Vons pp piu pp
4 2ds Vons pp piu pp
Alt. pp pp
Vlle div. pp
C.B. à 4 ppp

5 Doux et calme
Fl.
Htb.
C.a.
Cl.
1re Harpe
P.
Vons
Alt
Velle
C.B.
Cors
più p e dim.
p doux et expressif
piu p
dim.
1°
pp
p
unis
doux et expressif
più pp
-tra-or-di-nai - re...
On en-tendrait dor-mir l'eau
Vou-lez-vous
vous as-seoir au bord du bas-sin de mar - bre
Il y a un til-leul où le so-

Fl. 1° *p* *più p* — 1er mouv^t

C.a. *pp*

1re Harpe *pp* *pp*

M. Je vais me coucher sur le mar _ bre je voudrais voir le fond de l'eau...

P. _leil n'entre jamais...

V^ons *pp* unis 1er mouv^t div. *pp* unis *pp*

Alt. *pp* *pp*

V^elle *pp* *pp* *p*

C.B. *pp* *pp* *pp*

Fl. à 2 *p* *p* *p*

C.a. *p* *più p*

Cl. 1° *p* *p*

B^ons 1° *p*

Cors 4° *p* *p* *p* *p*

M. Si quel_que

P. On ne l'a ja_mais vu... Elle est peut - être aus_si pro_fon_de que la mer

V^ons div. *p* pizz

Alt. *p* pizz *p*

V^elle pizz arco *p* pizz *pp*

C.B. unis pizz *pp*

6
Fl.
1°
p doux et expressif
Htb.
p doux et expressif
p
C.a.
p
Cl.
p doux et expressif
p
Bons
Cors
1°
p
1re H.
p
m.d.
M.
cho_se brillait au fond, on le verrait peut - ê _ tre
Je voudrais toucher l'eau
P.
Ne vous penchez pas ainsi
Prenez gar_de de glisser
6
Vons
pp
arco
pp
Alt.
arco
Vlle
arco
pp
C.B.
à 4
pp

Fl.
Htb.
C.a.
Cl.
Bons
Cors
1re H.
M.
Non, non, je voudrais y plon_germesdeuxmains...
P.
Je vais vous te_nir par la main
Vons
pizz.
arco
Alt.
pizz.
Velle
pizz.
C.B.

un poco rit.
7 Tempo
Fl.
Solo
1°
Cl.
H.
più p
pp
M.
On di - rait que mes mains sont ma - la - des au - jourd'hui
P.
Oh! oh! Prenez garde! prenez gar - de!
un poco rit.
7
Tempo (en animant)
Vons
unis
pizz
arco
Alt.
Velle
C.B.
cre - - scen - do
à 2
Fl.
Htb.
p cresc.
2°
C.a.
Cl.
cresc.
Bons
P.
Me - li - san - de!... Mé - li - san - de!...
Vons
Alt.
pizz.
arco
Velle
C.B.

Fl.
Htb.
C.a.
Cl.
Bons
Cors
1re H.
MÉLISANDE
se redressant
Je ne peux pas, je ne peux pas l'atteindre
P.
Oh! votre cheve - lu - re
Vons
pizz.
div. pizz.
unis
Alt.
Velle
C.B.

8
modéré
Fl.
Cors
1re H.
M.
Oui, ils sont plus longs que mes bras ils sont plus longs que moi
P.
Vous ont plon_gé dans l'eau
8
modéré
Vons
Alt.
Velle
C.B.
Même mouvt
C. a.
Cl.
Bons
Cors
M.
Oui Rien; Je ne me rappel_le
P.
C'est au bord d'u_ne fon_taine aus_si, qu'il vous a trou_vée?... que vous a-t-il dit
Même mouvt
Vons
Alt.
Velle
C.B.

C.a.
Cl.
Bons
Cors
M.
P.
Vons
Alt.
Velle
plus...
Oui; il vou_lait m'embras_ser
Non
E_tait-il tout près de vous
Et vous ne vou_liez pas
Pourquoi ne
arco
Tous
div.
Allegro
Htb.
1re H.
glissando
Oh! oh!
j'ai vu pas_ser quelque chose au fond de
vouliez-vous pas?
à 6
pizz

9
Fl.
Htb.
Cl.
M.
l'eau...
P.
Prenez gar_de! prenez gar - de! Vous al_ler tomber!
Vons
Alt.
Allegro non troppo
C.a.
Bons
A - vec l'an_neau qu'il m'a don - né
A_vec quoi jou_ez vous?
Ne jou -
unis
pizz
arco
Velle

10
Fl.
à 2
cre - scen -
Htb.
1°
cre -
C.a.
cre - scen
Cl.
cresc.
cresc.
Bons
1°
2° 3°
Cors
1°
2°
3°
Otez les sourdines
1re H.
glissando
M.
Mesmainsnetrem _ blent pas!
P.
_ez pasain_si, au des _ susd'uneeau si pro _ fon - de
Comme il
10
Vons
div.
cre - scen -
cre - scen -
Alt.
div.
cre - scen -
Vlle
arco
div.
C. B.
Toutes

Fl.
do
Htb.
à 2
-scen - - do
do
C.a.
-scen - - do
Cl.
à 2
Bons
1°
Cors
3°
1re H.
Accordez sur sol♯-la♭ mi♯-fa♭ do♯-ré♭ la♯-si♭
glissando
M.
Oh!
P.
brille au soleil!
Ne le je-tez pas si haut vers le ciel!...
Vons
- do
Alt.
- do
Velle
C.B.

Fl.
Htb.
C.a.
1re H.
M.
P.
Vons
Alt.
Velle
C.B.
Bons
11
div.
Il est tombé dans l'eau
Je ne le vois pas des - cen - dre!...
Il est tombé
Où est - il
où est - il
Ma ba - gue
je crois la voir bril_ler...
oh!
oh!

sans trainer
Htb.
C. a.
Cl.
Bons
1re H.
M.
Vons
Alt.
Velle
C.B.
p doux
1°
2°
p
pp
Elle est si loin de nous...
non, non, ce n'est pas el_le...
ce n'est plus el_le
Elle est per_due... per_du_e...
sans trainer
pizz
12
retenu
a tempo
Il n'y a plus qu'un grand cercle sur l'eau...
Qu'al_lons-nous faire maintenant?...
P.
Il ne faut pas s'inquiéter ain_
div.
UNIS
C. B.

Fl.
P.
-si pour u-ne ba-gue
Ce n'est rien... Nous la re-trou-verons peut-être
Ou bien nous en re-trou-ve-rons une au-tre...
Vons
Alt.
div.
Velle
C.B.
a tempo
rit.
a tempo
Htb.
MÉLISANDE
Non, non, nous ne la retrou-verons plus, nous n'en trouverons pas d'autres non plus...
Je croyais l'avoir dans les mains cependant...
Tous
div.
dim.

13
en animant
Fl.
Htb.
Cl.
M.
J'a_vais dé_ja fermé les mains, et elle est tombée malgré tout...
Je l'ai je_tée trop
13
en animant
div.
Vons
Alt.
Velle
C.B.
cresc.
cre scen do
Fl.
Htb.
C.a.
Cl.
M.
haut du cô_té du so_leil
PELLÉAS
Ve_nez nous re_vien_drons un au_tre jour
dim.
unis pizz
pizz
Vons
Alt.
Velle
C.B.

un peu retenu
Fl.
Htb.
C.a.
Cl.
Cors
1re H.
P.
Ve_nez, il est temps
On i_rait à notre rencon_tre
Mi_di sonnait au moment où l'anneau est tombé
un peu retenu
Vons
unis
Alt.
Velle
C.B.
a tempo
Cors
1re H.
MÉLISANDE
Qu'al_lons-nous dire à Go_laud s'il de_mande où il est
P.
La vé_ri_té la vé_ri_
a tempo
unis pizz
pizz
pizz
marcato
pizz
Vons
Alt.
Velle
C.B.

14
pas vite
1° solo
Fl.
Cors
3° p
p doux et expressif
RIDEAU
1re H.
ils sortent
P.
-te
14 pas vite
div.
arco p
più p
Vons
Alt.
Velle
C.B.
retenu
Htb.
C.a.
Cl.
Bons
dim.
1°
3°
pp

15
même mouvt
dim.
C. a.
changez en si♭
Cl.
Bons
Cors.
1° 2°
Vons
Alt.
Velle
C. B.
Htb.
1°
p
pp
dim.

Lent
Bons
Cors
3°
Lent
Vons
Alt.
Velle
C.B.
pizz
arco
div.
piu p
pp
(♩.=♩)
Timb.
fa-do-mi
1r 2°
cresc.
dim.
div. pizz
unis
pizz
arco

Htb.
C. a.
Cl.
Bons
Cors
Timb.
Velle
C.B.
p expressif
expressif
dim.
tr
pp
4°
Fl.
1°
à 2
mf
3°
Vons
Alt.
dim.
pizz

montez le fa au la
Timb
sempre p et expressif
poco cresc.
dim.
Vons
Alt.
Velle
C.B.
retenu
Tempo (très lent)
Htb
Cor a
Cl.
Bon
p e dim. molto
più p
pp
cresc.

SCÈNE II ___ Un appartement dans le château.

On découvre Golaud étendu sur son lit;
Mélisande est à son chevet.

Bons
Go.
Ah! ah! tout va bien, ce-la ne se-ra rien. Mais je ne puis m'expliquer comment ce-la s'est passé
Vons
Alt.
Vlle
C.B.
dim.
div.
arco
Htb.
C.a.
Cl.
à 2
Je chassais tranquillement dans la fo-rêt.
Mon cheval s'est empor - té tout à coup, sans raison.
dim. molto
unis
pizz
arco

17 (sourdement agité)
Fl.
Htb.
Cl.
Bons
Cors
Go.
1° Solo
très doux
A t'il vu quelque cho_se d'extra_or_di _ nai _ re?..
Je venais d'en _ tendre sonner les douze coups de midi.
en animant peu à peu
17 (sourdement agité)
Vons
Alt.
Velle
C.B.
pizz
dim.
Au dou_ziè_me coup il s'effraie su_bi_te _ ment, et court comme un a _ veu_gle fou contre un ar _ bre
arco
pizz arraché
arraché

en se calmant
serrez
Fl.
Htb.
C.a.
Cl.
Bons
Cors
Go.
Je ne sais plus ce qui est ar_ri _ vé. Je suis tombé, et lui doit être tombé sur moi; je croy _ ais a_voir tou_te la fo_
en se calmant
serrez
Vons
Alt.
Velle
C.B.
dim. molto
arco
arraché

retenu
Fl.
Htb.
C.a.
Cl.
Bons
Cors
Go.
-rêt sur la poi-tri - ne
Je croyais que mon cœur é-tait déchi-re.
Mais mon cœur est so-li-de.
Il parait que ce n'est
retenu
Vons
Alt.
Velle
C.B.
f
più f
soutenu et expressif

18 Modéré mais plus souple
Fl.
Htb.
C.a.
Cl.
p doux
più p
dim.
pp
B^ons
Cors
1°
pp dim.
3°
MÉLISANDE
Voulez-vous boire un peu d'eau
Voulez-vous un autre oreil_
Go.
rien.
Merci,
je n'ai pas soif
18 Modéré mais plus souple
div.
unis
V^ons
Alt.
V^elle
pizz
C.B.

Fl.
Htb.
C.a.
Cl.
Bons
Cors
M.
Go.
Vons
Alt.
Velle
C.B.
piu p
p doux et expressif
p expressif
dim.
doux et expressif
_ler?.. Il y a u_ne peti_te tache de sang sur celui-ci.
Est-ce bien sûr?..
Non; ce n'est pas la pei_ne
pizz
arco
pp

Fl.
Htb.
C.a.
Cl.
p cresc.
sf
Bons
p cresc.
Cors
2°
p cresc.
4°
mf cresc.
3°
M.
Vous ne souf_frez pas trop
Go.
Non,non, j'en ai vu bien d'au_tres
Je suis fait au fer et au
Vons
div.
pp
unis
p
pizz
Alt.
cresc.
Velle
arco
pp
C.B.
arco

plus tranquille
a tempo
Fl.
1° sourdine
Otez la sourdine
Cors
M.
Fermez les yeux et tâchez de dor _ mir. Je resterai i_ci toute la nuit...
Go.
sang
Non, non, je ne veux
plus tranquille
arco
div.
Vons
Alt.
Velle
C.B.
à 4
ppp pizz
plus lent
1° Solo
Htb.
doux et plaintif
Cl.
doucement soutenu
Bons
pas que tu te fa_tigues ainsi.
Je n'ai besoin de rien; je dormi _ rai comme un enfant
plus lent
pizz
arco Tous

á tempo
19 Plus lent
1° 2°
Fl.
Htb.
Cl.
M.
Go.
p
pp
Je suis...
Je suis malade i-
Qu'y a t'il Mélisande
Pourquoi pleures-tu tout à coup?
a tempo
19 Plus lent
Vons
Alt.
Velle
C.B.
à 4 arco
Tous div.
Cl.
Bons
M.
Go.
1°
3°
mf
-ci...
Je ne sais pas...
Je suis ma-lade i-ci
Tu es mala-de
Qu'as-tu donc, qu'as-tu donc Mé-li-san-de
pizz
f
div.
arco
div. en 6
arco 1.2.3.4.
mf expressif
dim. - - p
1.2.
3.4.
5.6.

a tempo

Fl. M. Go.

je pré - fère vous le dire aujourd'hui; Seigneur, je ne suis pas heureuse i - ci

Qu'est-il donc ar - ri - vé?

a tempo

Vons arco unis dim. piu p

Alt. arco Tous

Velle

C.B.

Fl. Htb. Cl. Bons Cors M. Go.

1° 2° 3° dim.

Quelqu'un t'a fait du mal? Quel-qu'un t'au - rait - il of - fen - sée

Non, non, per - son - ne ne m'a

Vons div. dim.

Alt. dim.

Velle

C.B.

20
C.a.
Cl.
Bons
M.
Go.
Vons
Alt.
Velle
C.B.
fait le moindre mal...
Ce n'est pas ce - la
Mais tu dois me ca_cher quelque cho _ se
pizz
arco
Htb.
Cors
Dis-moi tou_te la vé_ri_té Méli _ san _ de
Est-ce le roi?
Est - ce ma mè_re?...
Est-ce Péllé_
p expressif
div.
unis
Tous
cresc.

Animé
retenu
Fl.
Cors
M.
Go.
Non,non, ce n'est pas Pellé_as. Ce n'est person_ne... Vous ne pouvez pas me comprendre C'est quelque chose qui est plus fort que
_as?..
dim.
dim. molto
Vons
Alt.
1 Alt.solo
pizz div.
Velle
pizz
C.B.
Modéré
Bons
moi...
Voy_ons sois raisonnable, Mélisan_de Que veux-tu que je fas_se? Tu n'es plus une enfant
très doux et très expressif
pizz
unis arco
arco
div.en 3 arco

21 serrez
Animé
Fl.
Htb.
C.a.
Cl.
1°
Bons
Cors
M.
Oh! non, ce n'est pas ce _ la...
je voudrais m'en aller a_vec
Go.
Est-ce moi que tu voudrais quit _ ter
21 serrez
Animé
pizz
arco
Vons
Alt.
Velle
C.B.
dim.

retenu
Fl.
Htb.
C.a.
Cl.
Bons
M.
vous... C'est i_ci que je ne peux plus vi_vre... je sens que je ne vivrais plus longtemps...
retenu
Vons
Alt.
Velle
C.B.
22 a tempo (animé)
C.a.
Bons
1° 2°
Cors
3° sourdine
G.
Mais il faut u_ne raison ce_pendant. On va te croire fol_le. On va croire a des rê_ves d'enfant
22 a tempo (animé)
Vons
Alt.
Velle
div.
C.B.

retenu
Bons
Cors
sourdine
M.
Go.
Voyons, est-ce Pél_lé_as, peut - ê _tre. je crois qu'il ne te parle pas souvent
Si, Il me par_le par_
retenu
Vons
pizz
div. pizz
unis
Alt.
Velle
C.B.
dim.
più p pizz.
23 un peu animé
Fl.
Htb.
expressif
Cl.
sourdines
_fois Il ne m'aime pas, je crois; je l'ai vu dans ces yeux...
Mais il me par_le quand
div.

Fl.
pp
pp
Cl.
pp
p
Bons
M.
il me ren_con - tre...
Go.
Il ne faut pas lui en vou - loir.
Il a tou - jours é_té ain_si.
Il est
Vons
à 4
unis
p
arco
Alt.
p
pizz
Velle
pp
pizz
C.B.
pp
retenu
24 Un peu animé
Cl.
più p dim. - pp
Cors
2o
p dim. - pp
M.
Mais ce n'est pas cela... ce n'est pas cela...
Go.
un peu é_tran - ge.
Il change_ra, tu ver_ras;
il est jeu - ne
retenu
24 Un peu animé
Vons
p
mf
pizz
arco
più p dim. -
pp
mf
pizz
arco
Alt.
più p dim. -
pp
mf
div.
arco
Velle
pp
p
mf
C.B.

Fl.
Htb
C.a.
Cl.
Go.
Vons
Alt.
Vlle
C.B.
1°
p expressif
p dim.
2°
pp
pp doux et expressif
dim.
3°
Qu'est-ce donc?
retenu
pizz
sourdines
Ne peux-tu pas te faire à la vie qu'on mène i_ci?
Fait-il trop triste i_
_ci.
Il est vrai que ce château est très vieux et très som_bre...
Il est très froid et très pro_fond.
Et tous
arco
div.

C.a.
Bons
Go.
ceux qui l'ha_bi _ tent sont dé_jà vieux.
Et la campagne peut sem_bler triste aus_si, avec toutes ces forêts, toutes
25
Vons
Alt.
Velle
C.B.
un peu retenu
Cl.
Cors
Otez les sourdines
ses vieilles fo_rêts sans lu _ miè _ re.
Mais on peut égay _ er tout ce_la si l'on veut. Et puis, la
un peu retenu
dim.

26
Plus lent
a tempo
1°
cresc.
2°
p expressif
3°
mf
Bons
Cors
Go.
joi - e, la joie, on n'en a pas tous les jours; mais dis-moi quelque cho - se n'importe quoi je fe -
Otez vite les sourdines
div.
Vons
Alt.
Velle
C.B
expressif
à 2
1° Solo
dim.
Cl.
più p
M.
Oui, c'est vrai... on ne voit jamais le ciel i - ci
-rai tout ce que tu voudras...
unis

Animé

27 a tempo

Fl. Cl. Cors M. Go.

p 3° p 1° p dim. 2° p p dim.

M.: Je l'ai vu pour la première fois ce ma - tin

Go.: C'est donc ce_la qui te fait pleu - rer, ma pauvre Méli_san - de?

Animé

27 a tempo

Vons Alt. Velle C.B.

Fl. Htb. C.a. Cl. Bons Go.

p dim. pp p p

Go.: Ce n'est donc que ce_la Tu pleu_res de ne pas voir le ciel? Voyons tu n'es plus à

Vons Alt. Velle C.B.

pizz arco p pp

Fl.
Htb.
C.a.
Cl.
Bons
Cors
1re Harpe
Go.
Vons
Alt.
Velle
C.B.
1°
3°
pizz
arco
l'âge où l'on peut pleurer pour ces cho _ ses...
Et puis l'é _ té n'est-il pas là?

28
à 2
Fl.
mf
f
1°
pp
2°
pp
Htb.
C.a.
Cl.
Bons
Cors
p
dim.
pp
1re Harpe
Go.
Tu vas voir le ciel tous les jours
Et puis l'année pro_chai - ne
Voyons, donne moi ta main
28
Vons
1 Alto Solo
Alt.
piu p dim.
doux et expressif
1 Velle Solo
Velle
p doux et expressif
arco
C.B.

1°
2°
29
Fl.
Cl.
Go.
aussi doux que possible
donne-moi tes deux pe_ti_tes mains
Oh!
ces pe_ti_tes
2 1rs Vons Soli
div. pizz
unis
arco
Tous
div.
Vons
Alt.
Velle
C.B.
Animé
M.
mains que je pourrais écraser
comme des fleurs...
Tiens,
Où est l'anneau que je t'avais don _ né
L'anneau
Oui; la bague de nos
Tous
pizz
arco
Alt
pizz

Bons
M.
Go.
Vons
Alt.
Velle
C.B.
Cl.
Cors
je crois... je crois qu'elle est tom - bée
no_ces, où est-el_le
Tombé - e...
Où est-el_le tom_bé - e?
30
pizz
pp
arco
div.
sf
mf
p
f
3°
4°
Non, elle est tombé - e
el_le doit ê_tre tombé _e
Mais je sais où elle est
Tu ne l'as pas per_du_e?
Où est

retenu
1° 2°
a tempo modéré
Fl.
Htb.
Cl.
Cors
M.
Vous sa_vez bien...
vous sa_vez bien... la grotte au bord de la
mer?.. Eh bien, c'est
Go.
el _ le
Oui
retenu
pizz
arco
a tempo modéré
Vons
Alt.
div.
Velle
C.B.
C.a.
p doux et expressif
là Il faut que ce soit là...
Oui, oui; je me rap - pel - le. J'y suis al _
6 1rs Vons Soli
pp doux et soutenu
unis

31

Fl. — 1° *pp doux et soutenu*

C.a. — *dim.* — *pp*

Cl. — *pp*

M. — -lée ce ma-tin ra-mas - ser des co-quil-la-ges pour le pe-tit Y - niold... Il y en

Vons

Alt.

Velle — 1 Velle Solo — *pp expressif* — *pp*

C.B.

Fl. — *p*

Htb. — *p*

C.a. — *p*

Cl. — *p* — 1°2°

Bons — *p* — *f*

Cors — *mp* 1° — 2° *mp* — *f*

M. — a de tres beaux... Elle a glissé de mon doigt... puis la mer est en-tré-e; et j'ai du sor-tir a-vant de l'avoir retrouvé-e

Vons — Tous — *f* — *dim. molto* — *p*

Alt. — div. — *p* — *f* — *dim. molto*

Velle — div. — *p* — *f* — *dim. molto*

C.B.

Animé
Bons
M.
Oui, oui, tout à fait sû_re... Je l'ai sen_ti glis_
Go.
Es-tu sû_re que c'est là?
Animé
sourdines
Vons
sourdines
sourdines
Alt.
pizz
sourdines
Velle
pizz
div. sur la touche
unis
C.B.
dim.
32
Fl.
Htb.
à 2
C.a.
Cl.
Bons
Cors
1°
M.
_ser
Main_te_nant? tout de sui_te? dans l'obs_cu_ri_té...
Go.
Il faut al_ler la chercher tout de sui_te?
Maintenant, tout de
32
Vons
Alt.
Velle
expressif
C.B.

espressif
Bons
Cors
Trb.
Tuba
Go.
suite, dans l'obs_cu_ri_té...
J'ai_me_rais mieux a_voir per_du tout ce que j'ai plutot que d'avoir per_du cet_te
Vons
Alt.
Velle
C.B.
p espressif
cresc.
molto
Tuba
33 en animant
p sombre
Tuba Solo
ba_gue... Tu ne sais pas ce que c'est. Tu ne sais pas d'où elle vient.
La mer se_ra très haute cette nuit
Otez les sourdines
dim.
pp sur la touche

Animé
Cl.
Bons
Cors
Tuba
M.
Go.
Vons
Alt.
Velle
C.B.
1° 2°
3°
Je n'o_se pas. Je n'ose pas aller seu_le...
La mer viendra la prendre avant toi; dépêche toi.
Vas - y, vas-y a_vec n'im_
div.
unis
pizz
arco
Più mosso
_por_te qui. Mais il faut y al_ler tout de sui_te, entends-tu?
Dé_pêche-toi; demande à Pél_lé_
cresc.

Cl. — à 2 — 1° — p — cresc.

B^{ons} — p — f — 1° — cresc. — p soutenu et expressif — 2°

Cors — 1° 2° — p — cresc.

M. — Péllé_as? a_vec Pél_lé _ as? Mais Pél_le_as ne voudra pas...

Go. — _as d'y al_ler a_vec toi — Pél_lé_as fe_ra tout ce que tu lui deman _ des.

V^{ons} — arco — f — p — soutenu et expressif — cresc. — div.

Alt. — unis — p — f — cresc.

V^{lle} — p — f — cresc.

C.B. — f — p — cresc.

34 Très retenu

Cl. — f — sf — profondément expressif et soutenu

B^{ons} — f — sf — mf

Cors — f — sf — mf profondément expressif et soutenu — mf

Trb. — mf — 3° — mf

Go. — Je connais Pél_lé_as mieux que toi — Vas-y — hâ_te-toi — Je ne dor_mi_rai pas a_vant d'avoir la ba_gue.

34 Très retenu

V^{ons} — pizz — f — sf — arco — f

Alt. — pizz — f — sf — arco — f profondément expressif et soutenu

V^{lle} — div. pizz — f — sf — arco — f profondément expressif et soutenu

C.B. — pizz — sf — f — arco — f

Bons
Cors
Trb.
M.
Oh! oh! Je ne suis pas heureu_se Je ne suis pas heureu - se.
RIDEAU
div.
Vons
Alt.
Velle
C.B.
dim.
più p
molto dim.
Très modéré et très expressif
Htb.
1°
cresc.
unis
pizz

a Tempo
rit.
1°
Fl.
pp
Htb.
Cl.
1° 2°
B^{ons}
Cors
2°
1re H.
p
pp mais un peu en dehors
rit.
a Tempo
V^{ons}
f
dim.
più p
Alt.
V^{elle}
C.B.
Lent
Htb.
Cl.
B^{ons}
Lent
très expressif
V^{ons}
più
Alt.
V^{elle}
C.B.
pp aussi doux que possible

Poco mosso
Fl.
Htb.
pp mais soutenu
pp
C. a.
Cl.
pp mais soutenu
Bons
1o pp
2o
Cors
Avec sourdines
3o
Avec sourdines
Trp.
Trb.
Tuba
Cymb.
Poco mosso
Vons
sourdine
sourdine
Alt.
sourdine
Velle
sourdine
C.B.

* Les roulements indiqués aux cymbales doivent être exécutés sur l'un des plateaux suspendu par sa courroie.

a tempo
Fl.
Htb.
C.a.
Cl.
Bons
Cors
Trp.
Trb.
Tuba
Cymb.
a tempo
1r Von
2d Von
Alt.
arco
Velle
pizz
C.B.

36
Htb.
C.a.
B^ons
Cors
Trp.
Trb. et Tuba
Cymb.
1^r V^on
2^d V^on
Alt.
V^elle
C. B.
dim.
RIDEAU

SCÈNE III — Devant une grotte.

Entrent Pélléas et Mélisande

Bons
Tuba
P.
Il fait si noir que l'entrée de la grot_te ne se dis_tingue plus du res_te de la nuit...
sur la touche
Vons
Alt.
div.
Velle
arco
C. B.
Fl.
à 2
Htb.
Cors
Trp.
sourdines
Timb.
Il n'y a pas d'é_toi_les de ce cô_té.
At_tendons que la lune ait de_chi_ré ce grand
div. pizz
unis
pizz
pos. nat.

38
à 2
Fl.
C. a.
1°
Bons
Cors
P.
nu_age: elle é_clai_re_ra tou_te la grotte et a_lors nous pourrons rentrer sans dan_ger.
Il y a des endroits dange_
Vons
sur la touche
Alt.
arco
Velle
C. B.
2°
3°
_reux et le sen_tier est très é_troit en_tre deux lacs dont on n'a pas en_cor trou_vé le fond.
Je n'ai pas son_
arco div.
pizz

Fl.
Cl.
Bons
Cors
P.
Vons
Alt.
Velle
C.B.
1.2.
pp
1°
p
dim.
1° 2°
_gé à em_por_ter u_ne torche ou u_ne lan_ter_ne. Mais je pen_se que la clar_té du ciel nous suf_fi_ra.
div.
M.
39
sans lenteur
à 2
Non...
Vous n'a_vez ja_mais pé_né_tré dans cet_te grotte
Entrons - y...
pizz
arco

Fl.
Htb.
C.a.
Cl.
B^ons
Cors
P.
Il faut pouvoir décrire l'endroit où vous avez perdu la bague, s'il vous inter_ro _ ge...
V^ons
pp léger
Alt.
V^elle
pizz
C.B.

Fl.
Htb.
C. a.
Cl.
B^ons
Cors
P.
Elle est très grande et très bel - le.
Elle est plei_ne de té_ne_bres bleu - es.
V^ons
pp léger
Alt.
V^lle
C. B.

40
en animant peu à peu
1° 8
Fl.
Htb.
C. a.
Cl.
1°
Cors
3°
1° avec sourdine
Trp.
P.
Quandon y allume u_ne pe_ti_te lumiè_re, On di_rait que la voute est couver_te d'é_toi_les, comme le ciel. Donnez-moi la
40
en animant peu à peu
1r Von
div.
2d Von
Alt.
Velle
C.B.

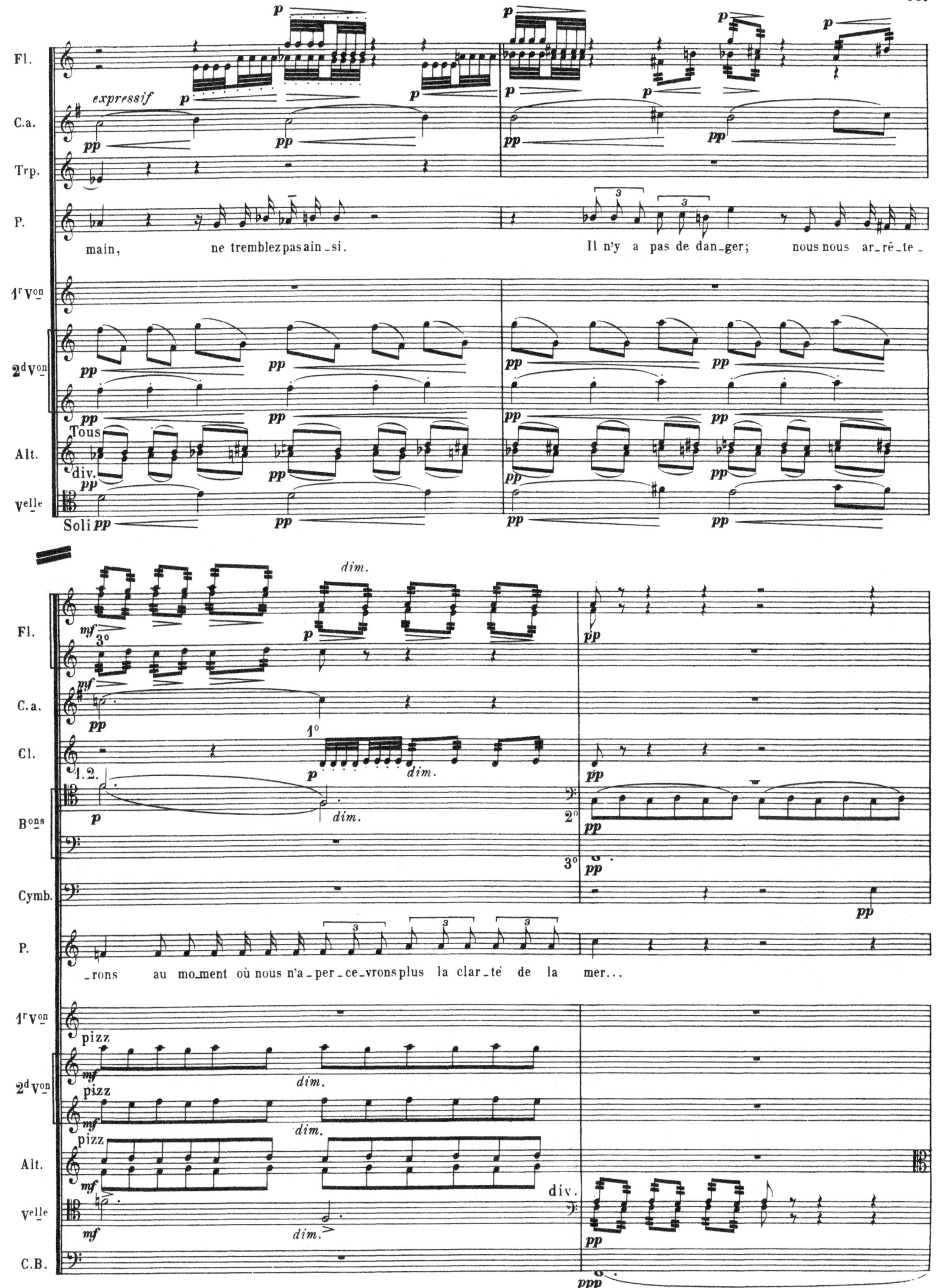
Fl.
C.a.
Trp.
P.
1r Von
2d Von
Alt.
Velle
expressif
Tous
div.
Soli
main, ne tremblez pas ain_si.
Il n'y a pas de dan_ger; nous nous ar_rê_te_
Fl.
3°
C.a.
Cl.
1°
1.2.
Bons
2°
3°
Cymb.
P.
1r Von
2d Von
Alt.
Velle
C.B.
dim.
pizz
div.
_rons au mo_ment où nous n'a_per_ce_vrons plus la clar_té de la mer...

41
Htb.
C.a.
Cl.
à 2
Bons
Cors
1° p
2°
3°
sourdines
1° 2°
Trp.
Tuba
Timb.
Cymb.
P.
Est-ce le bruit de la grotte qui vous ef_frai _ e
En_ten_dez-vous la mer der_riè_re nous?
41
avec la pointe
1.2.
3.4.
5.6.
1r Von
1.2.3.
4.5.6.
2d Von
pizz
Alt.
unis
Velle
C.B.

Fl.
Htb.
C.a.
à 2
Cl.
Bons
Cors
ôtez les sourdines
Trp.
1°
2°
Trb. et Tuba
3°
Timb.
P.
El_le ne semble pas heu_reu_se cet_te nuit...
1r Von
2d Von
arco
Alt.
Velle
C.B.

42
un peu en dehors
Fl.
p doux et expressif
un peu en dehors
Htb.
p doux et expressif
Cl.
pp
B^ons
1.2.
pp
Cors
1.3. sans sourdines 1°
3° p
1e H.
La ♭ Sol ♭ Mi ♭ Ré ♭ Si ♭
Fa ♯ Do ♯
mf glissando
2e H.
Ré ♮ Do ♮ Si ♮
La ♯ Sol ♭ Fa ♮ Mi ♭
glissando
Cymb.
tr
pp
P.
Oh!... voici la clar_té
42
1^r V^on
pp
2^d V^on
pp
Alt.
div.
più p pp
V^elle
più p pp
C.B.
più p pp

animez un peu
Fl.
Htb.
C.a.
p doux et expressif
Cl.
B^ons
1°
Cors
3°
mf glissando
1e H.
glissando
2e H.
Cymb.
MÉLISANDE
Ah!
Il y a
P.
Qu'y a-t'il?
animez un peu
p doucement expressif
1^r V^on
2^d V^on
p doucement expressif
Alt.
V^elle
pizz.
C.B.

43
revenez au mouvt
1°
2°
1° solo
p triste et expressif
Fl.
Htb.
1re H.
M.
P.
Il y a...
Allons nous en!... allons nous en!...
Oui;... je les ai vus aussi
Ce sont trois vieux pauvres qui se sont endormis...
43
revenez au mouvt
1r Von
2d Von
Alt.
Vlle
C. B.

Fl.
Htb.
M.
P.
Vons
Alt.
Velle
C. B.
meno p
pp
Allonsnous
Il y a u_ne fa_mine dans le pa_ys.
Pourquoi sont - ils venus dormir i_ci
Fl.
Cl.
1re H.
M.
P.
Vons
Alt.
Velle
C.B.
à 2
mf
dim.
p
en! venez! Allonsnousen!
Prenez garde, ne parlez pas si haut...
Ne les é_veillons pas
Ils dorment en_
div.
piu p
pp

44
Fl.
3°
pp
Htb.
1°
p
C.a.
pp
Cors
1re H.
più p
M.
Laissez - moi, je pré - fère marcher seule...
P.
_core profondément.
Venez.
Nous revien_
44
Vons
div.
Alt.
Velle
più pp
2 Soli
C.B.

45
Fl.
pp
Htb.
pp
C.a.
Cl.
pp
Cors
1°
p
Trp.
1° sourdine
pp
dim. - -
pp
Cymb.
ppp
8- -
1re H.
pp
pp
pp
P.
-drons un au-tre jour...
RIDEAU
45
en retenant et en s'affaiblissant jusqu'à la fin
Vons
pp
pp
per - den - do - si
Alt.
pp
pp
Velle
pp
C.B.

Fl.
Htb.
C.a.
Cl.
Cors
Timb.
Cymb.
1re H.
Vons
Alt.
Velle
C.B.
pp
p
più p
più pp
ppp
1°
retenu
pizz
sur la touche

ACTE III

SCÈNE I

Une des tours du château.

Un chemin de ronde passe sous une fenêtre de la tour.

Fl
Htb.
H.
1r Von
2d Von
Alt.
Velle
C.B.
mf
1o
p
pp
f
arco
1
C.a.
Cl.
2o

2
Htb.
C.a.
Cl.
Bons
piu p
H.
MÉLISANDE à la fenêtre tandis qu'elle peigne ses cheveux dénoués.
Modéré et librement
Mes longs che_
RIDEAU
Otez les sourdines
Otez les sourdines
Otez les sourdines
Otez les sourdines
1r Von
2d Von
Alt.
Velle
C.B.
M.
_veux des_cen_dent jus_qu'au seuil de la tour
Mes che_veux vous at_ten_dent tout le long de la tour
et tout le long du
3
Fl.
1re H.
M.
jour et tout le long du jour
Saint Daniel et Saint Mi_chel
Alt.
Velle

Modéré mais sans lenteur
4
Cors
M.
Saint Michel et Saint Rapha - el je suis née un di - man - che un dimanche à mi - di
Entre Pélléas par le chemin de ronde.
Velle
C.B.
5 Modéré
Fl.
Htb.
C.a.
Cl.
Bons
Cors
Animé
M.
Qui est là?
PÉLLÉAS
Hola hola ho! Moi moi et moi...
Vons
div.
pizz
unis arco
Alt.
Velle
C.B.

Fl.
Htb.
C. a.
Cl.
M.
P.
Vons
Alt.
Vlle
C. B.
pp
p
J'ar_ran_ge mes cheveux pour la nuit
Que fais-tu là à la fenêtre en chantant comme un oi_seau qui n'est pas d'i_ci?
Cors
C'est là ce que je vois sur la mer?
Je croyais que tu avais de la lu_
div.

C. a.
Cl.
Cors
M.
P.
Alt.
Velle
C.B.
p doux et expressif
1°
2°
3°
J'ai ouvert la fe _ nê _ tre;
Il fait trop chaud dans la tour
_mière
più p
pp
un peu retenu
a tempo
6
Fl.
Htb.
H.
Il fait beau cette nuit...
Il y a d'innombrables é_toi_les
Je n'en ai jamais vu autant que ce
p expressif
div.
Vons

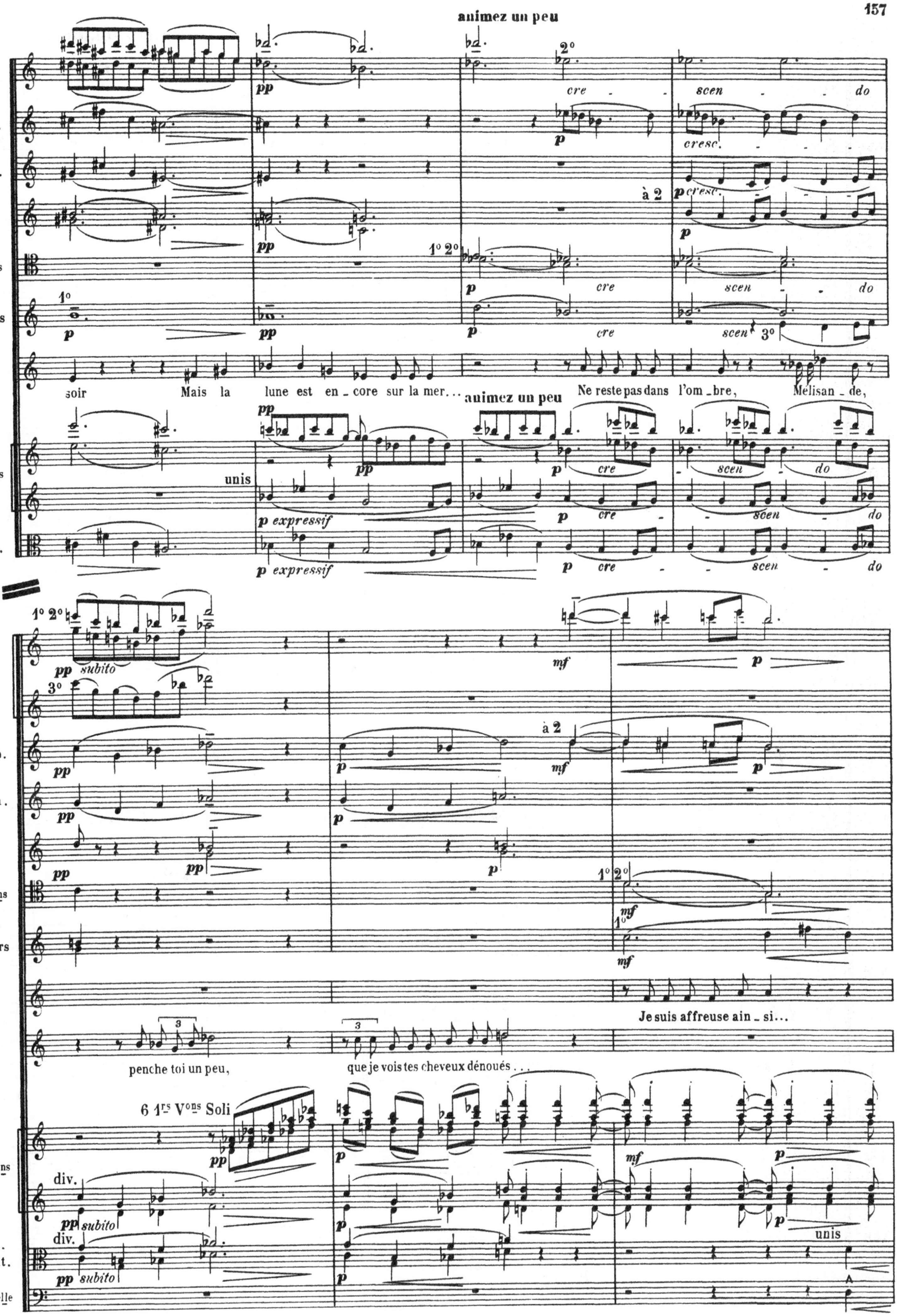

animez un peu

Fl. Htb. C.a. Cl. Bons Cors P. Vons Alt.

soir Mais la lune est en-core sur la mer… Ne reste pas dans l'om-bre, Melisan-de,

Fl. Htb. C.a. Cl. Bons Cors M. P. Vons Alt. Velle

Je suis affreuse ain-si…

penche toi un peu, que je vois tes cheveux dénoués…

7 Animez toujours
Fl.
Htb.
C.a.
Cl.
Bons
Cors
H.
M.
P.
Oh! oh! Mélisan - de
oh! tu es bel - le
tu es belle ain - si...
penche toi! penche
7 Animez toujours
Vons
Alt.
Velle
C.B.
expressif
dim.
cresc.
pizz
Tous
div.
unis

Fl.
Htb.
Cl.
Bons
Cors
H.
M.
Je ne puis pas venir plus près de toi...
P.
toi...
Laisse moi ve_nir plus près de toi
Vons
Alt.
Velle
C.B.

Fl.
Cors
H.
M.
Je me penche tant que je peux...
P.
Je ne puis pas monter plus haut
don - ne - moi du moins ta main ce
div.
Vons
Alt.
Velle
C.B.
à 4
cresc.
C.a.
Non, non, non,
soir a-vant que je m'en aille... je pars de - main
Si, si, je pars, je par-ti-rai de-
serrez
un peu retenu
dim.

8 a tempo
Htb.
1°
p doux
più p
C.a.
Cl.
1°
p
Bons
1°
p
P.
_main... don_ne-moi ta main, ta main, ta pe_ti_te main sur mes lè _ vres
8 a tempo
Vons
pp léger
pp
pp léger
pp
pp
pp
Alt.
p
p
Velle
pizz p
p
Fl.
1°
p
dim.
2°3°
p
pp
Htb.
p
C.a.
p
Cl.
1°
pp
dim.
1° p
p
Bons
p
M.
Je ne te donne pas ma main si tu pars...
Tu ne partiras pas
P.
Don _ ne, don_ne, don_ne...
J'at _ ten _
Vons
div.
pizz
pp
arco
p
dim.
div.
pizz
p
pizz
pp
arco
p
div.
dim.
pizz
p
Alt.
p
Velle
p pizz
arco
p

Fl.
Cl.
Bons
Cors
M.
P.
Vons
Alt.
Velle
sourdine
Je vois u_ne ro _ se dans les té _ nè _ bres...
_drai, j'attendrai...
arco
piu p doux
piu p
Htb.
C.a.
p expressif
Où donc?..
Je ne vois que les branches du saule qui dé_passe la mer...
Plus bas! Plus
pizz
p express
unis
div.

un peu retenu

Fl.
Htb.
C.a.
Cl. pp
Bons 2° pp
Cors 1° 3° pp Otez les sourdines pp
M. bas, dans le jar_din, là-bas, dans le vert som _ bre
P. Ce n'est pas u_ne ro _ se

un peu retenu

Vons arco pp arco pp pp pp
Alt. arco pp pp pp
Velle pp pp
C.B. pizz ppp

9 a tempo

Fl. 1° 2° mf
Htb. p mf p
C.a. mf
Cl. p mf p
Bons p mf
P. j'i_rai voir tout à l'heu _ re, mais don_ne-moi ta main d'a_bord,

9 a tempo

Vons pizz f arco mf mf p pizz f arco mf p
Alt. pizz f arco mf mf p
Velle pizz f arco p

Animé
Fl.
Htb.
C.a.
Cl.
Bons
Cors
p doux et expressif (en dehors)
M.
Voilà,
voi - là;...
je ne puis me pencher davanta - ge..
P.
d'abord ta main...
Animé
Vons
div.
unis
Alt.
Velle
C.B.
pizz
arco

animez toujours
Fl.
Htb.
C.a.
Cl.
Bons
Cors
M.
Je ne puis me pencher davanta - ge
Je suis sur le point de tomber
P.
Mes lè - vres ne peuvent pas atteindrent ta main
animez toujours
Vons
Alt.
Velle
C.B.
1°
dim.
cresc.
p expressif
div. en 3
unis
pizz

10
1° 2°
Fl.
p cresc. molto
Htb.
p cresc. molto
à 2
C.a.
p
cresc. molto
Cl.
p cresc molto.
Cors
1°
f 1.3.
Sa chevelure se révulse tout à coup tandis qu'elle se penche ainsi et inonde Pélléas.
M.
Oh! oh! mes cheveux descendent de la tour!..
10
Vons
p cresc. molto
p cresc. molto
Alt.
p cresc. molto
Velle
Cl.
pp
p
Cors
1°
p
pp
1° 3°
sf > p
1re H.
p
pp
P.
Oh! oh! Qu'est-ce que c'est?... tes che-veux, tes cheveux descendent vers moi!...
rall.
Vons
pp
p
pizz
sf > pp
> pp
sf > p
à 4 Soli
Tous
div.
Alt.
pp
ppp
Tous
div.
Velle
pp
ppp

serrez
rall.
Htb.
Cl.
Bons
Cors
1°2°
p
mf
dim.
1re H.
P.
Toute ta che_ve_lu_re, Méli_san_de, tou_te ta che_ve_lure est tombée de la tour!...
serrez
div. en 4 parties
arco
rall.
Vons
dim. molto
Alt.
Velle
11
1° Solo
tendre et expressif
pp
Je les tiens dans les mains, je les tiens dans la bou_che... Je les
Moins vite et passionnément contenu
2d Von

Fl
Cl.
Bons
Cors
1re H.
M.
P.
Vons
Alt.
Velle
p dim.
pp
1° 2°
2°
1°
Laisse-moi laisse -
tiens dans les bras, je les mets au-tour de mon cou...
Je n'ouvrirai plus les mains cette nuit
6 1rs Vons Soli
4 2ds Vons Soli
Tous div.
e piu pp
pizz
Htb.
très doux
1° Solo
p expressif
moi... tu vas me fai-re tom - ber
Non, non, non...
Je n'ai jamais vu des cheveux comme les tiens, Méli -
arco

Fl.
Htb.
C.a.
Cl.
Bons
Cors
1re H.
P.
Vons
Alt.
Vlle
12
1°
pp
p
p expressif
p > pp
-san - de!
Vois, vois, vois, ils viennent de si haut et ils m'i-
6 1rs Vons Soli
4 2ds Vons Soli
Tous
pizz
arco
13
doux et expressif
più pp
-nondent en-co-re jus-qu'au cœur... Ils m'i-non-dent en-co-re jus-qu'aux genoux
arco div.
div. pizz

Fl.
Htb.
C.a.
Cl.
Bons
Cors
P.
Vons
Alt.
Vlle
C.B.
1°
3°
div.
pizz
arco
Soli
à 3
Toutes
div.
pp
Et ils sont doux, ils sont doux comme s'ils tombaient du ciel
Je ne vois plus le ciel à travers tes che_

en animant
Fl.
pp
Htb.
C.a.
p
Cl.
à 2
Bons
Cors
ppp
P.
_veux.
Tu vois,
tu vois?...
mes deux mains ne peuvent pas les te _ nir,
il y en
en 3 parties
en animant
Vons
pizz
Alt.
unis
Vclle
C.B.

à 2
animez toujours
Fl.
poco cresc.
Htb.
poco cresc.
p
à 2
cre - scen - do
C.a.
p
cre - scen - do
Cl.
poco cresc.
p
cre - scen - do
1°
Bons
poco cresc.
p
cre - scen - do
1°
2°
Cors
p
cre - scen - do
P.
a jus_que sur les branches du sau - le Ils vi - vent comme des oi_seaux dans mes
animez toujours
Vons
pp
cre - scen - do
arco
p
pp
cre - scen - do
Alt.
p
pp
cre - scen - do
arco
Vlle
p
p expressif
cre - scen - do
C.B.
p
p

14
retenu
a tempo
Fl.
Htb.
C.a.
Cl.
Bons
Cors
M.
P.
Vons
Alt.
Velle
C.B.
più f
mf
f
p
dim.
3o
Laisse-moi, laisse-
mains
Et ils m'ai - ment, ils m'aiment plus que toi!..
div. en 3
unis
div.
pizz
pp

Fl.
C.a.
Cl.
B^ons
Cors
M.
P.
Alt.
V^elle
C.B.

pp
pp
pp *très doux*
p
pp
4°
pp

moi... Quelqu'un pourrait ve nir...

Non, non, non, je ne te dé_li_vre pas cette nuit...

sourdines
pizz
pp
arco
div.
pp
arco
pp

Fl.
Htb.
C.a.
Cl.
Cors
M.
P.
2^d V^on
Alt.
C.B.

più pp
pp
pp *aussi doux que possible*
pp
pp
più pp
pp
pp
più pp
4°
pp
pp *aussi doux que possible*

Pélléas! Pél_lé_as!..

retenu

Tu es ma prisonnière cette nuit; toute la nuit, toute la nuit... Je les

pizz
pp
div. arco
pp
pizz
pp
più pp
ppp
pp

1re H.
P.
noue, je les noue aux branches du sau - le... Tu ne t'en i_ras plus... tu ne t'en i_ras plus... Re_
15 Très modéré puis progressivement animé et passionné
2d Von
div.
sourdines
1.Alt. Solo
sans sourdine
p très expressif
Alt.
sourdines
Velle
sourdines
più pp
Fl.
Htb.
Cl.
1° Solo
pp très doucement expressif
Cors
1° 2°
dim.
P.
_gar - de, re - gar - de, j'embrasse tes cheveux... Je ne souffre plus au mi_lieu de tes cheveux...
2 1rs Vons Soli
sans sourd.
Vons
sourdines
pizz.
arco
Alt. Solo
prenez la sourdine
Alt.
unis
Velle

animez
Fl.
Htb.
Cl.
Bons
Cors
1°
2°
1re H.
P.
Tu entends mes bai_sers le long de tes cheveux... ils montent le long de tes che_veux...
sourdines
Tous div.
arco
mf expressif et soutenu
Vons
Alt. div.
pizz
Velle
C.B.
div.

Fl.
Htb
Cl.
B^{ons}
Cors
1re H.
P.
Il faut que chacun t'en ap_por_te... Tu vois, tu vois, je puis ouvrir les mains... J'ai les mains libres et
Vons
Alt.
Velle
C.B.
pizz
arco
moto
dim.

16
Animé
Fl.
Htb.
Cl.
Bons
1re H.
M.
P.
Vons
Alt.
Velle
C.B.
à 3
à 2
mf
pp
Oh! oh! tu m'as fait mal!
tu ne peux plus m'abandonner...
pizz
arco
17
Cors
1° 3°
Qu'y a-t'il Pélléas?
Qu'est-ce qui vole autour de moi?
Ce sont les co_lombes qui sortent de la tour...
Je les ai effrayées;

Fl.
Cl.
Cors
1re H.
M.
P.
Vons
Alt.
Vlle
pp
3°
1°
unis
Ce sont mes co - lombes, Pélléas.
Allons-nous en laisse moi;
el_les s'envo - lent...
pp sur la touche
1°3°
elles ne reviendraient plus
Elles se per - dront dans l'obscurité...
Laisse-moi!
Pourquoi ne reviendraient elles plus?
en 4 parties
div.
div. pizz
pizz
sf p

18
Htb.
Cl.
Bons
Cors
M.
laisse-moi relever la tê_te...
J'entends un bruit de pas... laisse moi!
C'est Go_laud!...
Même mouvt
Otez les sourdines
unis
Vons
Alt.
Vlle
C.B.
pizz
Fl.
M.
Je crois que c'est Go_laud!...
Il nous a entendus...
P.
Attends!
At_tends!
pizz
arco
sempre pp
à 4

19
Htb.
Cl.
Timb.
M.
P.
Tes che _ veux sont autour des branches...
Ils se sont accro _ chés dans l'obscu_ri_té...
arco
Vons
Alt.
Velle
C.B.
dim.
sempre pp
20 Plus modéré
C.a.
Bons
Cors
Go.
Attends!
attends!
Il fait noir.
Que fai_tes
Entre Golaud par le chemin de ronde
div.
2d Von
pizz.
arco

M.
Go.
Vons
Alt.
Velle
C.B.
Ce que je fais i_ci?.. Je...
vous i_ci?
Vous êtes des en _ fants...
Mélisan_de,
ne te penche pas ainsi à la fe_nêtre
tu vas tom_
pizz
arco
p
Fl.
C.a.
Cors
sourdines
Otez les sourdines
pp
ppp
_ber...
Vous ne savez pas qu'il est tard?
Il est pres de mi_nuit.
Ne jouez pas ain _ si dans l'obscurité.
Vous êtes des en _
div.

21
22
C.a.
Cl.
Bons
Cors
Go.
_fants... Quels enfants!.. Quels en_fants!..
Il sort avec Pelléas
RIDEAU
Même mouvt
pizz
arco
p expressif
piu p e dim.
piu p
div.
unis
Vons
Alt.
Velle
Htb.
2d Von
C.B.

23
Fl.
Htb.
C.a.
Cl.
Bons
Cors
Vons
Alt.
Vlle
C.B.
mf
f
dim.
unis
1° 2°
3° 4°
2°
1° Solo
très expressif
piu p
pp
en diminuant peu à peu
pizz
2d Von
3°
p

24
Modéré
Fl.
Htb.
Solo
C.a.
Cl.
Bons
Cors
Vons
Alt.
Velle Solo
Velle
C.B.
Modéré doux et expressif
1rs pup.
Soli
Tous
arco
p doux et expressif
TOUS div.
arco div.
p cre - scen - do f

à 2
Htb.
C.a.
Cl.
B^ons
1° 2°
Cors
div.
V^ons
div.
Alt.
div.
V^elle
div.
C.B.
dim.
Cl.
B^ons
Cors
sourdines aux 4 Cors
sourdines aux 3 Trp.
Trp.
Timb.
en retenant
2^d V^on
sourdines
Alt.
sourdines
V^elle
pizz
unis
pizz.
C.B.
arco

SCÈNE II Les souterrains du château.

27

Htb. — sf p dim. - - pp — sf p dim. - - pp

C.a. — sf p sf dim. pp — sf p sf dim. pp

Cl. — sf dim. p — sf dim. p - - pp -

Bons — p dim. molto — p dim. molto — à 2 p

3° p dim. molto — p dim. molto — p

Cors — 4° cuivrez cuivrez — p

RIDEAU

Timb. — p ppp

27

Alt.

Vlle — Tous pp — pp più pp

C.B. — unies pp — pp più pp

entrent Golaud et Pelléas

Cl. — 1° pp pp — pp — pp pp

Bons — dim. — 1° 2° p dim. - - pp

4° dim.

Cors

Timb. — pp

Go. — Prenez garde, par i-ci, par i-ci. Vous n'avez jamais pé-né-tré dans ces souter-

Vlle — div. pp pp pp — pp pp

C.B. — div. pp pp pp — pp pp

Cl.
Bons
dim.
Cors
Timb.
P.
Si, u_ne fois, dans le temps; mais il y a long_temps...
Go.
_rains?
Eh bien, voi_ci l'eau stagnante dont je vous par_
div.
unis
unies
Velle
C.B.
28
C.a.
Cl.
Bons
Cors
Timb.
Go.
_lais...
Sentez-vous l'odeur de mort qui monte?
Allons jusqu'au bout de ce ro_
Velle
C.B.

C.a.
Cl.
B^ons
Cors
Timb.
Go.
V^elle
C.B.
pp
à 2
2°
1°
mf cuivrez
f
2° cuivrez
3°
f cuivrez
_cher qui surplombe et penchez vous un peu
Elle viendra vous frapper au vi _ sage.
pizz
arco
29
p
3°
Penchez-vous; n'ayez pas peur... je vous tiendrai,
donnez - moi...
Non, non, pas la main...
elle pourrait glisser...

C.a.
Cl.
Bons
Cors
Trp.
Timb.
P.
Go.
Velle
C.B.
cuivrez
à 2
pizz
Oui, je crois que je vois le fond du gouffre!
le bras.
Voyez-vous le gouffre, Pelléas? Pel_lé _ as?
30
Est-ce la lu_mière qui tremble ainsi? Vous...
Oui, c'est la lanter_ne...
Voyez, je l'agi_
sur la touche
arco
à 4 Soli

C.a.
Cl.
Bons
Cors
Trp.
P.
Go.
Alt.
Velle
C.B.
pp
1°
2°
3°
4°
ppp
più pp
RIDEAU
J'étouffe i _ ci... sortons.
ils sortent en silence
_tais pour éclairer les pa_rois...
Oui, sortons.
sur la touche
unis
31
Otez les sourdines
Timb.
tr
1re H.
Animez progressivement jusqu'à l'entrée de la scène III
pizz

32
Fl.
1°
pp
2° pp
la 3e Fl. prend la Pte Fl.
Htb.
pp
Cors
1°2°
pp
4°
Trp.
sourdines
3°
Timb.
tr
1re H.
1er Von
div.
2d Von
Alt.
Velle
C.B.

Fl.

Pte. Fl.

pp

Htb.

pp

Cl.

1°

pp

Cors

1°

p

Trp.

1° 2°

pp

Cymb.

pp

1re H.

p

2e H.

p

1er Von

pp

div. en 3 parties.

2d Von

Alt.

pp

Fl.
Htb.
C.a.
Cl.
Cors
1°
Trp.
Cymb.
1re H.
2e H.
1er Von
2d Von
Alt.
pp
p
Otez les sourdines
6

33
Fl.
Htb.
C.a.
Cl.
1°
Cors
1°
Trp.
Cymb.
1re H.
2e H.
33
1er Von
2d Von
Alt.
Velle
p
pp
6

1°2°
Fl.
cresc.
cresc.
à 2
Htb.
cresc.
C.a.
p
p
cresc.
à 2
Cl.
cresc.
Bons
cresc.
1°2°
Cors
p
cresc.
Trp.
pp
cresc.
pp
cresc.
Cymb.
cresc.
1re H.
cresc.
2e H.
cresc.
1er Von
cresc.
cresc.
2d Von
cresc.
cresc.
Alt.
cresc.
Velle
cresc.

34
Fl.
Htb.
C.a.
Cl.
Bons
Cors
Trp.
Cymb.
RIDEAU
1re H.
do ♮
2e H.
do ♮
34
SCÈNE III
Une terrasse au sortir des souterrains.
1er Von
div. en 2
2d Von
unis
Alt.
Velle
C.B.

Fl.
Htb.
C.a.
Cl.
Bons
Cors
Trp.
Cymb.
1re H.
2e H.
1er Von
2d Von
Alt.
Velle
C.B.
più f
tr
fa ♮
fa ♮

Bons
Cors
1º 2º
1re H.
2e H.
P
Ah! Ah! je respire en_fin!...
j'ai cru, un instant, que j'allais me trouver mal dans ces é_normes grot_tes;
Vons
pizz
Alt.
Velle
C.B.
plus lent
3º
j'ai é_té sur le point de tom_ber Il y a là un air humide et lourd comme une rosée de plomb, et des ténèbres é_paisses comme une
2d Von
arco

35
au mouvt
Fl.
Htb.
C.a.
Bons
Cors
Trp.
Cymb.
1re H.
2e H.
P.
pâte empoisonné _ e. Et main _ te _ nant, tout l'air de tou _ te la
1r Von
2d Von
div.
Alt.

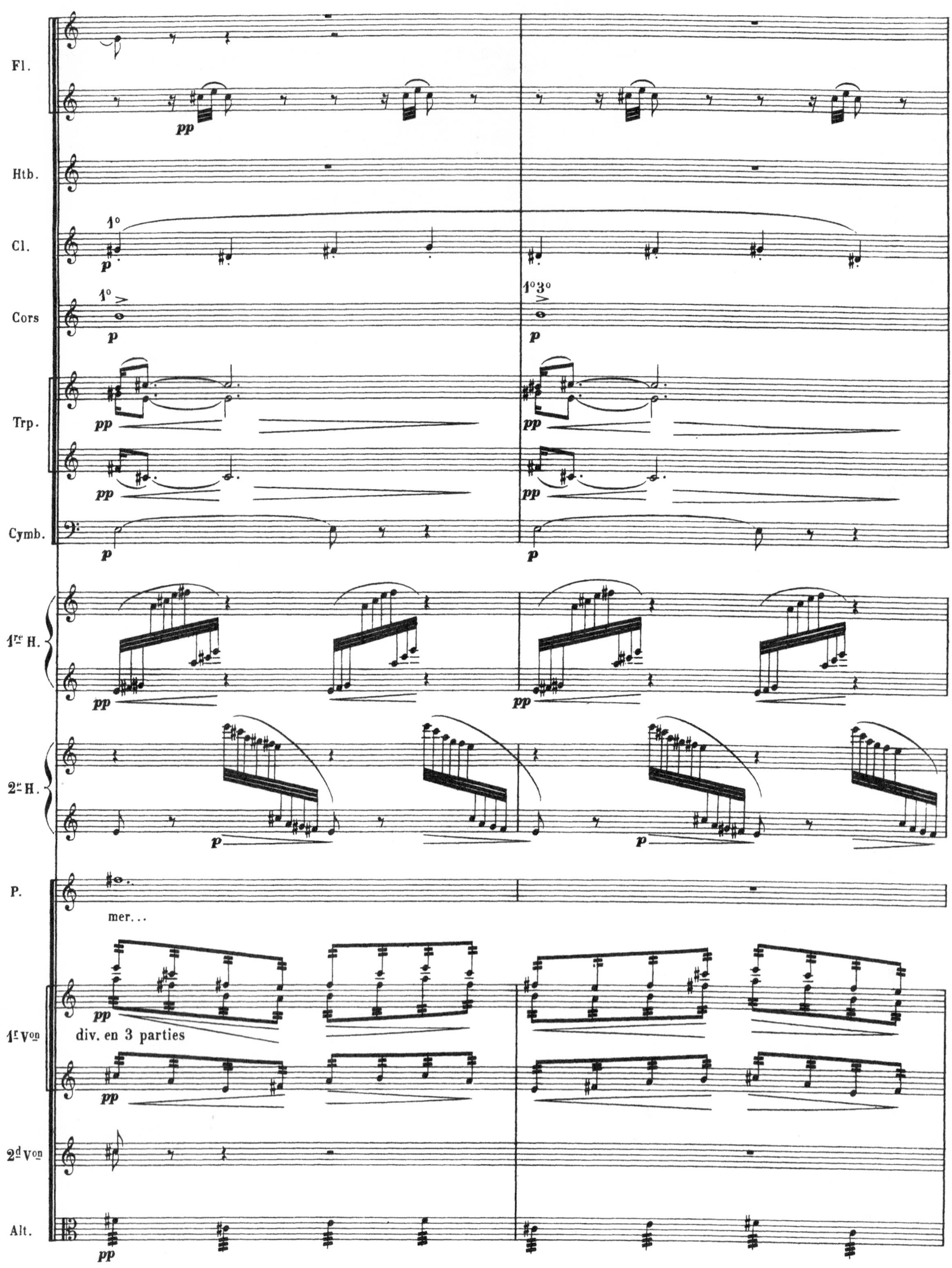
Fl.
pp
Htb.
1°
Cl.
p
1°
Cors
p
1°3°
Trp.
pp
Cymb.
1re H.
2e H.
P.
mer...
1r Von
div. en 3 parties
2d Von
Alt.

Fl.
1°
p
2°p
Htb.
pp
C.a.
Cl.
Cors
Trp.
3°
pp
Cymb.
pp
1re H.
2de H.
P.
Il y a un vent frais
Voy_ez,
1rs Vons
2ds Vons
Alt.
Velles

36
Pte Fl.
Fl.
C.a.
Cl.
Cors
Trp.
1re H.
2e H.
P.
frais comme u - ne feuil - le qui vient de s'ou - vrir, sur les pe - ti - tes la - mes
1r Von
2d Von
Alt.
Velle
pp
p
cresc.
3o
2ds
1rs

Fl.
Htb.
1°
à 2
C. a.
Cl.
Bons
Cors
4°
Trp.
Cymb.
1re H.
2e H.
P.
ver - - tes.
1r Von
2d Von
Alt.
Vello

37
Modéré
Fl.
Htb.
à 2
1°
C.a.
Cl.
Bons
Cors
1°
2°
4°
Trp.
Cymb.
1re H.
2e H.
P.
Tiens!
on vient d'ar _ ro _
37
Modéré
1er Von
div. en 2
arco
pizz
2d Von
Alt.
Velle

à 2
Fl.
Htb.
C.a.
Cl.
B^ons
le 1er Cor met la sourdine
1°
2°
Cors
le 3e Cor met la sourdine
1re H.
P.
_ser les fleurs au bord de la ter _ rasse et l'o _ deur de la ver _ dure et des ro _ ses mouil _ lées monte jusqu'i _
1^r V^on
2^d V^on
Alt.
V^elle
C.B.

38
Fl.
1°
pp
Htb.
à 2
pp
C.a.
Cl.
pp
Bons
pp
Cors
p
3°
Glock
Gl.
p
1re H.
p
P.
_ci.
Il doit ê _ tre près de mi _
38
Même mouvt
1r Von
pp
2d Von
div.
pp
Alt.
p doux expressif et en dehors
Vcelle
pizz
C.B.
p

Fl.
Htb.
C.a.
p expressif et en dehors
Cl.
Bons
Cors
Gl.
1re H.
P.
-di; el - les sont dé - jà dans l'om-bre de la tour...
1r Von
p expressif
2d Von
div.
Alt.
Velle
p expressif et en dehors
C.B.

39
Fl.
p
più p
Htb.
C.a.
Cl.
1º 2º
Bons
Cors
1º
3º
Gl.
1re H.
sf
P.
Il est mi_di, j'entends sonner les clo _ ches et les en_fants des_cen_dent vers la pla_ge pour se baigner...
1r Von
mf
arco
2d Von
Alt.
Velle
C.B.

Fl.
reprenez la Gde Fl.
mf dim.
p dim. pp
Htb.
C.a.
Cl.
Bons
Cors
ff
1°
2°
f dim.
pp
sempre pp
le 3e Cor ôte la sourdine
3°
4°
Gl.
1re H.
dim.
2e H.
P.
Tiens, voi-là notre mère et Mélisande à u-ne fe-
sur la touche
Vons
più p pp
Alt.
Velle
C.B.

40
p
en retenant
1°
p
Fl.
p
1°
Htb.
p
Cl.
p
2°
B^ons
pp
3°
pp
Otez la sourdine
1°
Cors
pp
pp
pp
3°
pp
Gl.
8
1re H.
p
pp
pp
pp
P.
_nêtre de la tour...
Go.
3
3
Oui;
el_les se sont ré_fu_giées du côté de l'ombre.
40
en retenant
pos. nat.
p
pp
pp très doux
V^ons
pos. nat.
pos. nat.
Alt.
pos. nat.
V^lle
pp
pp très doux
pos. nat.
C.B.
pp

41
C.a.
Bons
Cors
Go.
A propos de Mélisan_de, j'ai enten _ du ce qui s'est passé et ce qui s'est dit hier au soir. Je le sais
Vons
Alt.
Velle
C.B.
Fl.
1°
pp doux et expressif
2°
3°
bien, ce sont là jeux d'enfants; mais il ne faut pas que cela se répè _te. Elle est très délica _te, et il
2 1rs Vons Soli
pp très expressif
2 2ds Vons Soli
2 Altos Soli
2 Velles Soli

Fl.
Cl.
Go.
Vons
Alt.
Velle
C.B.
1° 2°
Tous
div.
faut qu'on la ménage d'autant plus qu'el_le se_ra peut-ê_tre bien_tôt me_re, et la moindre é_mo_
_tion pour_rait a_me_ner un malheur.
Ce n'est pas la premiè_re fois que je re_marque qu'il pour.
cre - - scen - - do

Htb.
C.a.
Cl.
Bons
Go.
-rait y a-voir quelque chose entre vous...
Vous ê-tes plus â-gé qu'elle,
il suf-fi-ra de vous l'avoir
Vons
Alt.
Velle
C.B.
pizz
più p
pp
dit...
E-vi-tez
la autant que possi-ble,
mais sans affectation, d'ailleurs,
sans af-fectation...
dim.
arco
div.
1º 2º

42
C.a.
Cl.
Bons
Cors
42
RIDEAU
Alt.
Vlle
C.B.
2°
p dim.
pp
Fl.
Cl.
1° Solo
43
Bons
Cors
1°
pp légèrement cuivre
3°
2°
4°
1re H.
43
Vons
Alt.
Vlle
più p dim.

Même mouvt
Fl.
Htb.
Cl.
Bons
Cors
1re H.
Vons
Alt.
Velle
1° Solo
p doux et expressif
più p
pp
ppp
piu p - - pp
Même mouvt
Fl.
Htb.
C.a.
Cl.
Bons
Cors
Alt.
Velle
C.B.
p dim.
très expressif
più p
pizz
RIDEAU

SCÈNE IV Devant le château

45
Cl.
Bons
Go.
Tu m'abandonnes aussi; tu es toujours chez peti_te mè_re... Tiens, nous sommes tout juste assis sous les fe_
Vons
pizz
pp
arco
p
div.
Alt.
Velle
C.B.
_nêtres de petite mè _ re.
Elle fait peut-ê_tre sa pri _ è_re du soir en ce moment...
Mais dis-moi, Yniold,
1o
3o
più p
ten.
pizz

Fl.
Cl.
Bons
Cors
Y
Oui, oui, toujours, petit père, quand vous n'êtes pas là.
Go.
elle est souvent a_vec ton oncle Pel_lé _ as, n'est-ce pas?
Ah!
pizz
div.
arco
Vons
Alt.
Velle
C.B.
C.a.
Tiens, quelqu'un passe avec une lanterne dans le jardin!
Mais on m'a dit qu'ils ne s'aimaient pas Il parait qu'ils se querellent sou_
pp dim.

Cl.
Bons
Y.
Oui, oui. c'est vrai?
Go.
_vent... non? Est-ce vrai?
Oui? Ah! ah! Mais à propos de quoi se querellent-ils?
Vons
Alt.
pizz
arco
Velle
C.B.
46
A pro_pos de la por_te.
Comment? à propos de la por _ te! Qu'est-ce que tu racontes là?
Par_ce qu'el_le ne

Cl.
Bons
Y.
peut pas être ouver_te.
Je ne sais pas petit pè_re,
Go.
Qui ne veut pas qu'elle soit ouver_te? Voyons pourquoi se querellent-ils?
Vons
Alt.
Velle
div.
C.B.
47
Cl.
Bons
Y.
à pro_pos de la lu_miè_re.
Go.
Je ne te par_le pas de la lumiè_re; je te par_le de la por_te.
En serrant peu à peu
Vons
Alt.
Velle
C.B.

Fl.
Htb.
Y.
Petit pè_re! petit
Go.
Ne mets pas ain _ si la main dans la bou _ che...
Voyons...
Vons
Alt.
Velle
C.B.
48
pè_re!.. Je ne le fe_rai plus!
Oh! oh!
Voyons, pourquoi pleures - tu maintenant? Qu'est-il ar_ri _ vé?
a tempo
dim.

Fl.
Htb.
Y.
Go.
Vons
Alt.
Velle
C.B.
mf
petit pè_re!.. vous m'avez fait mal!
Je t'ai fait mal? Où t'ai-je fait mal? C'est sans le vouloir...
expressif
dim.
Modéré
Cl.
p très doux et express.
I_ci, i_ci, à mon pe_tit bras...
C'est sans le vou_loir. voy_ons, ne pleure plus;
div.
Velle Solo
mf expressif

Cl.
B^ons
Y.
Go.
V^ons
Alt.
V^elle Solo
V^elle
p
p expressif
unis
f
mp
dim.
1°2°
Quoi, petit pè_re?
je te don_ne_rai quelque cho_se demain.
Un carquois et des flèches.
Mais dis -
49
Cors
At.
C.B.
1°
Sourdine
pp
dim.
Otez la sourdine
4°
De grandes flè_ches?
moi ce que tu sais de la por_te.
Oui, de très grandes flè_ches.
div. pizz
div.
pizz
sf

B^ons
Go.
Mais pour_quoi ne veulent-ils pas que la por_te soit ou_ver _ te? Voyons, réponds-
Animez peu à peu
V^ons
Alt.
arco
V^elle
C.B.
Cors
1°
moi à la fin! Non, non, n'ou_vre pas la bou_che pour pleu_rer

50 Plus animé
B^ons
Cors
Go.
Je ne suis pas fâ - ché.
De quoi par_lent-ils quand ils sont en_
V^ons
Alt.
V^lle
C.B.
Htb.
C.a.
Y.
Pel_lé_as et pe_ti_te mè_re?
De moi; toujours de moi.
_semble
Oui; de quoi parlent - ils?
Et que di_sent ils de

Fl.
Htb.
C.a.
Cl.
Bons
Cors
Y.
Go.
Vons
Alt.
Velle
à 2
1°
1°2°
Ils di _ sent que je se_rai très grand.
toi?
Ah! mi_sère de ma vi _ _ e!
sur la touche
51
2°
3°
3°4°
dim.
molto
Je suis i_ci comme un a_veu_gle qui cherche son trésor au fond de
div.
pos. nat.

C.a.
Cors
1° 2°
Go.
l'o_cé_an!..
Je suis i _ ci comme un nouveau né per_du dans la forêt et vous...
Mais voyons, Yniold,
retenu
Vons
Alt.
unis
Velle
div.
C.B.
C.a.
Bons
Cors
più p
Go
j'étais distrait; nous allons cau _ ser sé_rieusement.
Pel_lé_as et pe_ti_te mère ne parlent-ils jamais de moi quand je ne
Modéré
Vons
div.
Alt.
Velle
più p
2 C.B.Soli
C.B.

Htb.
C.a.
Cl.
Bons
Y.
Go.
Vons
Alt.
Velle
C.B.
p doux
pp
1°
p doux
p doux
Si, si, petit pè_re.
Ils di_sent que je devien_
suis pas là?...
Ah! et que disent ils de moi?
div.
unis
p
52
Sourdement agité
2°
3°
4°
Cors
_drai aussi grand que vous.
Oui, oui, tou_jours, petit pè_re.
Tu es toujours près d'eux?
Ils ne te disent ja_
pizz
arco
simile
Tutti

Cl.
Bons
2°
pp
Cors
4°
Y.
Non, petit père, ils ont peur quand je ne suis pas là.
Go.
_mais d'aller jou_er ail_leurs?
Ils ont
pizz
Alt.
arco
Velle
C.B.
53
soutenu sans lourdeur
Fl.
cresc.
1° express.
Htb.
C.a.
Ils pleurent tou_jours dans l'obscu_ri_té.
peur?...
à quoi vois-tu qu'ils ont peur?
Ah! ah!
Plus animé
2d Von

Fl.
Htb.
C.a.
Cl.
Bons
Y.
Go.
Vons
Alt.
Velle
C.B.
mf expressif
1°
div.
unis (sul G)
arco
Ce_la fait pleu_rer aus_si...
Elle est pâ_le, petit pe_re!
Oui, oui!
Ah! ah!.
retenu
Cors
dim.
3°
pa_ti_en_ce, mon Dieu pa_ti_en_ce...
Quoi, petit pè_re?
Rien, rien, mon en_
Modéré
unis
pizz
più p

54
Bons
Cors
Y.
Go.
-fant. j'ai vu passer un loup dans la forêt.
Ils s'embrassent quelquefois? non?...
plus lent
Vons
Alt.
Velle
C.B.
div. arco
pp
dim.
Fl.
Htb.
C.a.
Cl.
Qu'ils s'embras-sent, petit pè-re? Non, non.
Ah! si, petit pè-re, si,
en animant
pizz
arco
cre

scen
do
Fl.
Htb.
C.a.
Cl.
Bons
Y.
Go.
Vons
Vlle
C.B.
à 2
1°
une fois u_ne fois qu'il pleuvait...
Ils se sont embrassés? Mais comment, comment, se sont-ils embrassés?
pizz pp
55
Cors
Com_me ça, pe_tit pè_re, com_me ça. Ah! ah! vo_tre
Dans le mouvt Animé
pizz
1r Von
2d Von
Alt.
div. 1. 2. 3. 4. arco
5. 6. arco

Fl.
Htb.
C.a.
Cl.
Bons
Cors
Y.
1r Von
2d Von
Alt.
Velle
1° 2°
1°
bar - be, pe_tit pè - re!... El_le pi - que, el_le
Tous
pizz div.
non div.
pi - que!
El_le de_vient tou_te gri_se, pe_tit
expressif
en retenant un peu
arco
arco div.
dim.
Vons

56
à 3
Fl.
Htb.
C.a.
Cl.
Bons
Y.
père, et vos cheveux aussi, toutgris, tout gris,
56 plus retenu
6 1rs Vons Soli
1rs pup. seulement
pizz
arco
Vons
Alt.
Velle
(La fenêtre sous laquelle ils sont assis s'éclaire en ce moment
et sa clarté vient tomber sur eux.)
Dans le mouvt animé mais sans rigueur
Tous div.
Cors
Ah! ah!
4 Alt.Soli
un peu en dehors
pp très doux et très expressif
4 Velles Soli
C.B.

57

Fl. C.a. Cl. Bons Cors Y. Vons Alt. Velle

1o Solo

p doux et expressif

2o pp

Y.: pe-ti-te mère a al-lu-mé sa lam-pe. Il fait clair, pe-tit

Tous

Cl. Bons Cors Y. Go. Vons Alt. Velle C.B.

1o 2o

Y.: pè-re; Il fait clair... Al-lons-y aus-

Go.: Oui, il commence à faire clair.

p doux et expressif

peu à peu plus animé

unis

pizz pp

Fl.
Htb.
C.a.
Cl.
Bons
Cors
Y. — -si, pe_tit pè_re; allons-y aussi... Où il fait clair, petit pe - re
Go. — Où veux - tu al_ler?
2d Von
Alt.
Velle

Retenu presque lent

C.a.
Cl.
Bons
Cors
Go. — Non, non, mon enfant; restons en _ core un peu dans l'ombre... On ne sait pas,
Velle
C.B.

58
Htb.
C.a.
Cl.
Bons
Cors
Y.
Go.
à 2
più f
p
cresc. molto
1° 2°
pp
1° 3°
Non, petit pè_re, il n'est pas fou
on ne sait pas en - co_re...
Je crois que Pellé_as est fou...
58
Serrez
Mouvt précédent
sur le chevalet
sourdines
Vons
Alt.
Velle
C.B.
sf
59
Cl.
Cors
Y.
Go.
2d Von
Alt.
Velle
mais il est très bon.
Oui, oui, je veux la voir!
Veux-tu voir pe_ti_te mè_re?
div.
p expressif
più p
dim. molto

En commençant presque **modéré**, puis peu à peu avec une **animation inquiète** qui doit grandir jusqu'à la fin de l'acte.

61
Cl.
B^ons
Cors
Timb.
Go.
pe - ti - te mère aurait ter_ribloment peur...
La vois-tu
div.
2^d V^on
Alt.
V^elle
C.B.
Y.
Oui...
Est - el _ le dans sa cham _ bre?

62
Htb.
C.a.
Cl.
Bons
Cors
Y.
Oh! il fait clair!
Oui...
Go.
Elle est seu - le?
2d Von
Alt.
Velle
C.B.
Fl.
à 2
non,non!
Mon on-cle Pel-lé - as y est aus-si.
Ah!ah!
Il...

63
C.a.
Cl.
Bons
Cors
Y.
Go.
Vons
Alt.
Velle
C.B.
petit pè _ re, vous m'avez fait mal!
Ce n'est rien, tais-toi; je ne le fe_rai plus;
regarde, regarde, Y_niold!..
J'ai tré_bu _ ché
div.
unis
pizz
arco
dim.
à 2
1° 2°
4°
pp

64
Htb.
C.a.
Cl.
à 2
Bons
Cors
Y.
Ils ne font rien, pe_tit pè_re.
Go.
parle plus bas. Que font-ils? Sont-ils près l'un de l'au - tre?
Vons
unis
Alt.
arco
Velle
C.B.
66
Cl.
expressif et angoissé
Bons
expressif et angoissé
Cors
Y.
Non, pe_tit pè_re, ils ne par_lent pas.
Go.
Est-ce qu'ils par_lent? Mais que font
2d Von
Alt.
div. 2ds
Velle
expressif et angoissé
C.B.
arco

Fl.
Htb.
C.a.
Cl.
Bons
Cors
Y.
Go.
Ils re - gar-dent la lu-miè-re.
Oui, pe-tit pè-re;
ils?
Tous les deux?
Ils ne di-sent
Vons
Alt.
Vcelle
C.B.

De plus en plus animé
Fl.
Htb.
C.a.
Cl.
Bons
Cors
Trp.
Y.
Go.
Vons
Alt.
Velle
C.B.
p cre - scen - do molto
mf
non div.
Non, pe_tit pè - re; ils ne ferment pas les yeux.
rien? Ils ne s'approchent pas l'un de
De plus en plus animé

67
Fl.
f
mf cre - scen - do molto
Htb.
C.a.
Cl.
B ons
1° 2°
Cors
1°
cre scen do molto
sourdines
Trp.
Y.
Non, pe_tit père, ils ne ferment jamais les yeux...
j'ai ter_
Go.
l'au - tre
div.
Vons
sff > pp subito
più f
ff
Alt.
Velle
Enlevez la sourdine
C.B.

Fl.
Htb.
C.a.
Cl.
Y.
_ri _ ble_ment peur!
Go.
De quoi donc as-tu peur
Re - gar - de!
Vons
unis
Alt.
Fl.
Htb.
C.a.
Cl.
Cors
Y.
Pe_tit pè - re, lais_sez-moi des - cen - dre
Go.
re_gar - de!
Re - gar - de!
Vons
Alt.
Velle

avec une expression d'angoisse
à 2
68
Fl.
avec une expression d'angoisse
Htb.
C.a.
Cl.
Cors
Trp.
Y.
Oh! je vais cri_er pe_tit pè - re!
Laissez-moi des - cen - dre! lais_sez - moi descen_dre!
unis
Vons
Alt.
Velle
69
Bons
Cors
Enlevez la sourdine aux 1rs et 3s Cors
Enlevez la sourdine aux 2s et 4s Cors
Trp.
Go.
Viens!
RIDEAU
Avec emportement
Enlevez la sourdine
Enlevez la sourdine
Enlevez la sourdine
près du chevalet
près du chevalet
près du chevalet
C.B.

Fl.
Htb.
C. a.
Cl.
Bons
Cors
Trp.
Timb.
Cymb.
Vons
près du chevalet
Alt.
Vlle
C.B.
p
mf
p molto cresc.
molto cresc.

Fin du 3e acte.

ACTE IV

SCÈNE I — Un appartement dans le château

Fl.
Htb.
C. a.
Cl.
Bons
Vons
Alt.
Velle
C.B.

mf expressif
mf expressif
sf
sf
sf
sf
p
sf p mais marqué
p
p
p
sf>p
sf>p

Fl.
Htb.
C. a.
Cl.
Bons
Cors
Vons
Alt.
Vlle
C.B.

p cresc.
sf f
p cresc.
sf f
Bouchez et cuivrez
1°
sf
Bouchez et cuivrez
3°
sf
Bouchez et cuivrez
sf f
Bouchez et cuivrez
sf f
dim.
p
f
dim.
p cresc.
f
p
mf cresc.
f
dim.
p
f
dim.
p
pizz
sf

1
Fl.
Htb.
C.a.
Cl.
Bons
Cors
Vons
Alt.
Vcelle
C. B.
à 2
p
1°
2°
RIDEAU
p expressif
pizz
arco
pp
cre
scen
do
molto
2
f
mf
3°
PELLÉAS
Où vas-tu?

Htb.
C.a.
Cl.
Bons
Cors
MÉLISANDE
Oui.
P.
il faut que je te par_le ce soir. Te ver_rais - je? Je sors de la chambre de mon pè - re Il va
Vons
Alt.
Velle
C.B.
dim.
p dim.
pizz
Bons
Cors
P.
mieux. Le mé_de_cin nous a dit qu'il é_tait sau - - vé... Il m'a re_con_nu.
arco
Vons
Alt.
Velle
C.B.

retenu
Htb.
Cl.
Bons
P.
Il m'a pris la main et il m'a dit de cet air é_tran_ge qu'il a de_puis qu'il est ma_la_de: «Est-ce toi, Pel_lé_as?
pizz
Vons
Alt.
Velle
C.B.
Fl.
più pp
dim.
C.a.
Cors
1o
Tiens, je ne l'avais jamais remar_qué, mais tu as le vi_sa_ge grave et a_mi_cal de ceux qui ne vivront pas long_temps... Il faut voy_a_

serrez
3 1er mouvt
Cors
P.
_ger, il faut voy_a_ger…»
C'est é_trange, je vais lui o_bé_ir… Ma mè_re l'écoutait et pleurait de
arco
Vons
Alt.
Velle
C.B.
div.
Fl.
Htb.
Cl.
Bons
p expressif
à 2
cre - - - scen -
joie. Tu ne t'en es pas a_perçue? Tou_te la mai_sonsembledé_jà re_vi_vre. On en_tendrespi_rer, on entendmar_
p cresc.

Fl.
Htb.
Cl.
Bons
Cors
P.
Vons
Alt.
Vlle
4
1º
do
mf
f
sf
pizz
mf cresc.
dim.
p
-cher...
E - cou - te; j'entends par - ler derriè-re cet-te por-te.
Sourdine 1º Cor
Sourdine 3º Cor
5 Un peu retenu
3º
pp
MÉLISANDE
Où veux-tu?
arco
Vi-te, vi-te, réponds vi-te, où te ver - rais-je?
Dans le parc, près de la fon-
arco. div.
1 Alt. solo
p doux

1º 2º
expressif et soutenu
Fl.
Htb.
Bons
Cors
1º
p dim.
pp
4º
M.
Oui.
P.
_tai_ne des a_veu _ gles? Veux_tu? Vien_dras - tu? Ce se_ra le der_nier soir;
Tous
Alt.
dim. molto
più p
Ne dis pas ce_la, Pel_lé_as... Je te verrai toujours;
je vais voy_a _ ger Comme mon pè_re l'a dit. Tu ne me ver_ras plus.
div.
pizz
Vons
Velle
C.B.

Fl.
Cl.
Cors
M.
P.
2d Von
Alt.
Velle
C.B.
1° 2°
1°
p très doux
pp
arco
div.
unis
p doux et expressif
pizz
je te re_gar_de_rai tou_jours...
Tu au_ras beau re_gar_der... je se_rai si loin que tu ne pourras plus me
Htb.
Bons
Vons
à 2
3°
serrez
Qu'est-il ar_ri_vé, Pellé_as? je ne comprends plus ce que tu dis.
voir...
Va-
6
animé et agité

1º 2º
Bons
Cors
P.
t'en,
Sé _ pa_rons-nous.
J'en_tends par_
Vons
arco
Alt.
Velle
C. B.
Fl.
1º
piu p
_ler der_riè_re cet_te por_te.
pizz
dim.
pp
sf

7
Cl.
pp
B^ons
pp
2°
le 1er ôte la sourdine
Cors
le 3e ôte la sourdine
4°
V^ons
div.
arco
Alt.
V^elle
C.B.
SCÈNE II
8
retenu
Modéré
entre Arkel
Htb.
1°
dim.
p très doux et très expressif
p expressif
pizz
div.

Htb.
Cl.
Bons
Vons
Alt.
Velle
C.B.
1°
p doux et expressif
p
unis
p
arco
p
p
4 C.B. Soli
arco pp
pp
pp
2°
pp
3°
pp
1°
p expressif
più p dim.
2°
p dim.
pp
3°
p dim.
pp
Cors
p expressif
più p dim. molto
p expressif
3
3
p
più p dim. molto
p expressif
Toutes
più p dim. molto
pp
dim.

Cors
ARKEL
A.
Main_te_nant que le pè_re de Pel_lé _ as est sau_vé et que la ma_la - die, la vieil_le ser_van_te de la
Très modéré
Vons
pp
Alt.
div.
p
Velle
C.B.
9
Modéré
Fl.
Htb.
Cl.
Bons
1°
2°
3°
mort, a quit_té le château, un peu de joie et un peu de so _ leil vont en_fin ren _ trer dans la mai_son...
unis
pizz

Fl.
Htb.
C.a.
Cl.
Bons
Cors
A.
Vons
Alt.
Velle
C.B.
1° 2°
1°
un peu en dehors
pp expressif
2°
dim.
3°
Il é_tait temps! Car de_puis ta ve_nue, on n'a vé_cu i_ci qu'en chu_chot_
arco
div.
mf expressif
p cresc.
1° pp
_tant au_tour d'u_ne chambre fer_mé_e...
Et vrai_ment, j'a_vais pi_tié de toi,
cresc.
pizz.

10
Fl.
Htb.
C.a.
Cl.
A.
Mé_li_san_de..
Je t'ob_ser_vais, tu é_tais la, in_sou_ci_ante peut-ê_tre.
10
div.
Vons
Alt.
Velle
C.B.
dim.
pp
Htb.
Cl.
Bons
Cors
mais a_vec l'air é_trange et é_ga_ré de quelqu'un qui attendrait toujours un grand malheur au so_leil dans un beau jardin.
cresc.
pizz
arco

Bons
2o
3o
p
più p
A.
Je ne puis pas expliquer... mais j'é_tais tris_te de te voir ain - si, car tu es trop jeune et trop
Vons
Alt.
div.
Velle
C.B.
Htb.
pp
1re H
A.
bel - le pour vi_vre dé - jà jour et nuit sous l'halei_ne de la mort... Mais à pré -
mf
cresc.

11
à 2
Fl.
Cl.
Cors
3°
2°
1re H.
ré ♯ mi ♯
A.
-sent tout ce-la va chan-ger. A mon â-ge, et c'est peut ê-tre
div.
Vons
Alt.
Velle
C.B.
Bons
1° 2°
p soutenu et expressif
la le fruit le plus sur de ma vi-e, à mon â-ge j'ai ac-quis je ne sais quel-le foi à la
animez un peu
pizz
arco

Fl.
mf
p
1°
Htb.
p
2°
à 2
C.a.
p
p
Cl.
p
1°
p
Bons
p
1°
p
3°
p
Cors
p
1re H.
p
p
A.
fi_dé_li_té des é - vé_ne_ments, et j'ai toujours vu que tout ê_tre jeune et beau cré -
Vons
pp
p
p
Alt.
p
p
Velle
p soutenu et expressif
C.B.
p

retenez
Fl.
Htb.
p cresc.
f
C.a.
cresc.
f
Cl.
cresc.
2°
f
B^ons
2° cresc.
f
Cors
2°
p cresc.
1°
f
3°
p cresc.
1re H.
mf
cresc.
1° 2°
f
A.
_ait au_tour de lui des é _ vè_nements jeu _ nes, beaux et heu _ reux...
expressif
cresc.
retenez
f
V^ons
cresc.
unis
f
Alt.
cresc.
f
V^elle
cresc.
f
C.B.
cresc.
f

12
1er mouvt
Fl.
1°2°
p expressif et soutenu
cresc. molto
3°
Htb.
1°
p cresc. molto
C.a.
Cl.
p cresc. molto
Bons
p
cresc. molto
ff dim.
Cors
3°
H.
1°2°
A.
Et c'est toi main_te_nant, qui vas ou_vrir la porte à l'è_re nouvel_le que j'entre_vois...
Vons
div.
p subito
cresc. molto
unis
Alt.
p subito
Vclle
div.
expressif et soutenu
p subito
C.B.

Bons
Cors
più dim.
p
dim.
1re H.
pp
A.
Viens i_ci;
pourquoi restes-tu là sans répondre et sans lever les
retenu
Vons
Alt.
Velle
C.B.
p doux et expressif
div.
pizz.
arco
pizz
Htb.
C. a.
1°
doux et expressif
2°
yeux? Je ne t'ai embras_sée qu'u_ne seu_le fois jusqu'i_ci, le jour de ta ve_nue; et ce_pen_
a tempo

Fl.
Bons
Cors
A.
-dant les vieillards ont be-soin quelque-fois, de toucher de leurs lè-vres le front d'u-ne femme ou la joue d'un en-fant,
Vons
Alt.
Velle
C.B.
Fl.
Htb.
Bons
Cors
A.
pour croire en-core à la fraicheur de la vie et é-loigner un moment les me-na-ces de la mort.
13
Vons
Alt.
Velle
C.B.
pizz

Fl.
Htb.
C.a.
Cl.
Cors
MÉLISANDE
A.
Alt.
Velle
1°
mf expressif
p doux et expressif
molto dim.
Grand-
As-tu peur de mes vieilles lè - vres?
Com-me j'a-vais pi - tié de toi ces mois-ci...
6 Alt. soli
6 Velles soli
p très doux
à 2
14
M.
C.B.
pè - re, je n'étais pas malheu - reu - se.
Laisse-moi te regarder ainsi, de tout près, un moment...
p soutenu et expressif
tous
dim.

Htb.
C. a.
Cl.
B^ons
Cors
A.
On a tant be_soin de beauté aux cô_tés de la mort...
V^ons
Alt.
V^elle
C. B.
soutenu et expressif
pizz.
div.
piu p
animez un peu
GOLAUD
entre Golaud
Pel_lé_as part ce soir.
arco
dim.

Htb.
C.a.
B^ons
Cors
sans sourdines
2°4°
3°
A.
Tu as du sang sur le front
Qu'as-tu fait?
Go.
Rien,
rien...
J'ai pas_sé au travers d'u_ne haie d'é_
Velle
C. B.
dim.
15
retenu
tempo
Fl.
Htb.
C. a.
Cl.
1°
B^ons
1°2°
MÉLISANDE
Baissez un peu la
tê_te,
Seigneur...
je vais es_suy_er vo_tre front...
Go.
_pi_nes.
Je ne veux pas que tu me touches, entends-tu?
Va-
pizz.
arco
Alt.
mf mais très marqué
Velle

C. a.
Bons
3°
M.
Go.
t'en! Je ne te parle pas. Où est mon é-pé-e?
Je venais cher-cher mon é-pé-e...
I-
pizz.
Alt.
Velle
C. B.
mf mais très incisif
Cl.
à 2
1° 2°
2°
Cors
2° cuivrez
-ci; sur le prie-Dieu.
Apporte-la. On vient en-co-re de trou-ver un pay-san mort de faim, le long de la mer.
Vons
arco

Htb.
C.a.
Cl.
Bons
Cors
Go.
Vons
Alt.
Velle
C. B.
1o
3o
3o mf
Sourdine aux 4 Cors
On di_rait qu'ils tiennent tous à mourir sous nos yeux. Eh bien, mon é_pé_e?
retenu
div.
Fl.
a tempo
unis
2o
Pourquoi tremblez-vous ain _ si? Je ne vais pas vous tu_er. Je vou_lais simplement ex_a_mi_ner la la_me.
sempre pp

16
Htb.
C. a.
Cl.
Bons
Go.
Vons
Alt.
Velle
C. B.
mf
dim.
1°
p
sf
pp
div.
unis
Je n'emploie pas l'épée à ces u_sa_ges.
Pourquoi m'exa_mi_nez - vous comme un pauvre?
Je ne viens pas vous demander l'aumô_ne.
cre
Vous es _ pé_rez voir quelque chose dans mes yeux sans que je voie quelque chose dans les vô_tres?

Fl.
Htb. à 2 scen - do
C.a. scen - do
Cl. scen - do
B^{ons} 2° scen - do
Cors cresc. 3° f f
Go. Croy_ez-vous que je sa_che quelque cho_se?
2^d V^{on} cresc.
Alt. cresc.
V^{elle} scen - do
C.B. scen - do

Fl. dim.
Htb. dim.
C.a. dim.
Cl. dim.
B^{ons} dim.
A. Je n'y vois qu'u_ne grande in_no_
Go. Voy_ez-vous ces grands yeux... On di_rait qu'ils sont fiers d'ê_tre ri_ches...
17
2^d V^{on} div. p
Alt.
V^{elle} div. p

Fl.
Cors
A.
Go.
Vons
Alt.
Velle
C. B.
1.2°
p doux
2°
4°
3°
più p
pp
p cre -
_cen _ ce...
U_ne grande in_ no_cen_ce!..
Ils sont plus grands que l'innocen _ ce!..
Ils sont plus purs que les
div.
cre -
Fl.
Htb.
C. a.
Bons
Cors
Go.
Vons
Alt.
Velle
C. B.
à 2
1°
2°
3°
ff>p dim.
_ scen _ _ do
yeux d'un agneau...
Ils don_neraient à Dieu des le_çons d'in_no_cen_ce!
U_ne grande in_no_cen_ce!
Ecou_
mf cresc.
pizz
sff
tous
unis

animez
cre
Bons
Les 4 Cors ôtent la sourdine
1° 2°
Cors
Go.
-tez j'en suis si près que je sens la fraicheur de leurs cils quand ils cli-gnent et ce-pen-dant je suis moins loin des grands secrets de l'autre
animez
Vons
div. arco
arco
più p
Alt.
arco
Velle
C. B.
Fl.
Htb.
C. a.
Cl.
-scen - do
monde que du plus pe-tit se-cret de ces yeux!.. U-ne grande in-no-cen-ce!.. Plus que de l'in-no-cen-ce!
cresc.

Fl. Htb. C.a. Bons Cors Go. Vons Alt. Velle C. B.

au mouvt

animé

On di_rait que les an_ges du ciel y cé_lè_brent sans cesse un bap_tê_me. Je les connais ces

unis — *très doux* — pizz.

Htb. C.a. Bons Cors Go. Vons Alt. Velle C.B.

bouchez — *id*

yeux! Je les ai vus à l'oeuvre! Fer_mez-lez! fermez-lez! où je vais les fer_mer pour longtemps!..

arco — pizz.

18
Fl.
Go.
Ne met_tez pas ain_si vo_tre main à la gor_ge; je dis u_ne
retenu
Vons
Alt.
div.
più p
pp
Velle
arco
C.B.
Htb.
C. a.
Bons
Go.
cho_se très sim - ple...
Je n'ai pas d'ar_riè_re pen_sé - e...
Si j'a_
animé
Vons
Alt.
pizz
arco
Velle
C. B.
pizz
arco

plus animé
1°
à 2
Htb.
C.a.
Cl.
Bons
Go.
_vais une ar_riè_re pen_sée pourquoi ne la di_rais_je pas?
plus animé
Vons
Alt.
Velle
C. B.
à 2
Htb.
C. a.
Cl.
Bons
1° 2°
Cors
Go.
Ah! ah!
ne tâ_chez pas de fuir!
Vons
Alt.
Velle
C. B.

Htb.
C.a.
Bons
1° 2°
Cors
Go.
I_ci!
Donnez-moi cet_te main!
Ah!
Vons
Alt.
Velle
C. B.
19
à 2
Cl.
dim.
3°
1°
Go.
vos mains sont trop chau _ _ des...
Allez-vous en!
Vo_tre chair me dé_
pizz
arco

Fl. — à 2 — *p* *cresc.*
Htb. — à 2 — *f* — *p* *cresc.*
C.a. — *f* — *p* *cresc.*
B^ons^ — 3° — *f* — *p* *cresc.*
Cors — 1° — 3° — *mf* — *f*
Go. — -gou - te!.. Al - lez - vous en!
Alt. — *f* — *p* *cresc.*
V^elle^ — *f* — *p* *cresc.*

Fl. — *f*
Htb. — *f*
C.a. — *f*
Cl. — *f*
B^ons^ — *f*
Cors — *f* — 2° — 4°
Go. — Il ne s'a - git plus de fuir à pré - sent
2^d^ V^on^ — *f* — *più f*
Alt. — unis — *f* — *più f* — arco
V^elle^ — *f* — pizz. — *sf*
C.B. — pizz — *sf*

Fl.
Htb.
C.a.
Cl.
Bons
Cors
2°
4°
Go.
Vous al - lez me suivre à ge - noux!
Vons
pizz
Alt.
Velle
G.B.
div.
arco

20
Fl.
Htb.
C.a.
Cl.
Bons
à 2
Cors
Go.
A ge_noux de _ vant moi!
Ah! ah!
Vons
arco
Alt.
Velle
pizz
C.B.

animez toujours
Fl.
Htb.
più f
C.a.
Cl.
Bons
1º 2º
Cors
Trb.
3º
Go.
vos longs che - veux ser - vent en - fin à quel-que cho - se!
A
sur le chevalet
animez toujours
Vons
Alt.
Velle
C.B.
pizz

Fl.
Htb.
C.a.
Cl.
p molto cresc.
Bons
2°
p molto cresc.
4°
p molto cresc.
Cors
ff p
Trb.
Go.
droite et puis à gau - che! A gauche et puis à droi - te!
Vons
p cresc.
Alt.
p molto cresc.
Velle
p molto cresc.
C.B.
p molto cresc.

animez
21
à 2
molto cresc.
Fl.
Htb.
C.a.
Cl.
Bons
Cors
1°
mf molto cresc.
3°
mf molto cresc.
1° 2°
Trp.
Trb. et Tuba
3°
Tuba
Go.
Ab - sa - lon!
animez
21
mf cresc.
Vons
Alt.
Velle
C.B.

Fl
Htb.
C.a.
Cl.
Bons
Cors
Trp.
Trb. et Tuba
Go.
Vons
Alt.
Velle
C.B.
sec
1° 2°
3°
2°
Ab - sa - lon!
En a -
pizz

B^ons
Go.
_vant! en ar _ riè _ re!
Jus _ qu'à ter _ re!
jus _ qu'à ter _ re...
V^ons
Alt.
V^elle
C.B.
C.a.
Cl.
B^ons
Cors
1° 2°
Trb.
Go.
Vous voy _ ez,
vous voy _ ez,
arco
arco
V^ons
Alt.
V^elle
C.B.

22
à 2
Htb.
C.a.
Cl.
à 2
Bons
Cors
Trb. et Tuba
1o
ARKEL
A.
Go -
Go.
je ris dé - jà comme un vieil - lard... Ah! ah! ah!
22
Vons
arco
Alt.
pizz
arco
Velle
pizz
C.B.

Htb.
C.a.
Bons
Cors
3o
più
A.
-laud!
Go.
Vous fe - rez comme il vous plai - ra, voyez-vous!
Le double plus lent
Vons
Alt.
Velle
unis
p expressif
arco
C.B.
Cl.
Bons
Cors
Go.
Je n'attache au-cune impor - tance à ce-la. Je suis trop vieux; et puis je ne suis pas un espion.
Vons
pizz
Alt.
Velle
C.B.

Lent

Cl.
Bons
Trb. et Tuba
Go.

J'attendrai le ha_sard; et a_lors... Oh! a_lors!.. Sim_ple_ment par_ce que c'est l'u_sa_ge;

Lent

Vons
Alt.
Velle
C.B.

pizz
div.
p pp

23

Cors
Trb.
A.
Go.

Qu'a t'il donc? Il est i_vre?

Simplement parce que c'est l'u_sa_ge.

23

Vons
Alt.
Velle
C.B.

più pp

C.a.
MÉLISANDE
Non, non, mais il ne m'aime plus...
je ne suis pas heureuse...
p très expressif
dim.
Vons
Alt.
div. p
dim.
pp
arco
Velle
C.B.
Cors
2°
4°
Trb. et Tuba
1° 2°
3°
mf
dim.
A.
Si j'é_tais Dieu, j'au_rais pi_tié du cœur des hom_mes...
RIDEAU
p très soutenu et très expressif

24

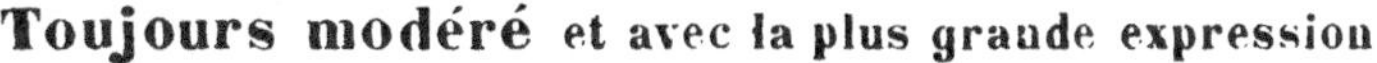
Toujours modéré et avec la plus grande expression
Fl.
Htb.
p très soutenu
p très soutenu. molto cresc.
C. a.
p
p très soutenu. molto cresc.
Cl.
p très soutenu
p
molto cresc.
1° 2°
Bons
p très soutenu
p
molto cresc.
Cors
2°
4°
p
mf
3°
1°
Trb. et Tuba
24
Toujours modéré et avec la plus grande expression
Vons
Alt.
div.
p très soutenu. molto cresc.
Vlle
div.
p très soutenu. molto cresc.
C B.
p très soutenu
p
très soutenu. molto cresc.

Fl.
Htb.
C.a.
Cl.
Bons
Cors
Trp.
Trb. et Tuba
Tuba
Vons
Alt.
Vlle
C.B.
unis
piu f
1o
2o
3o
1o 2o

25
à 2
Htb.
C.a.
Cl.
Bons
Cors
4°
Trp.
1° 2°
Trb. et Tuba
Vons
Alt.
Velle
C.B.
f
dim.
p
mf

A
Fl.
Htb.
C.a.
Cl.
Bons
Cors
Trp.
Trb.
et
Tuba
Tuba
Vons
Alt.
Vlle
C.B.
p expressif
cresc.
dim.
pizz
div.
1°
2°
3°

Htb.
C.a.
B^ons
Cors
Trp.
V^ons
Alt.
V^elle
C.B.
p
dim.
1° 2°
molto
arco
unis
pp
B
Timb.
Très lent
sourdines
molto pp et retenu
pizz

1° tempo (peu à peu très animé)
Htb.
C.a.
Cl.
à 2
Bons
Cors
2°
4°
Trb.
et
Tuba
1°
3°
Timb.
1° tempo (peu à peu très animé)
Otez les sourdines
Vons
dim.
Otez les sourdines
Otez les sourdines
Alt.
arco
Otez les sourdines
Velle
C.B.
arco

1° tempo et en retenant beaucoup
C
1° 2°
Fl.
molto cresc.
1°
Htb.
2°
C.a.
p molto cresc.
à 2
Cl.
p molto cresc.
molto cresc.
Bons
Cors
à 2
mf cresc.
3°
mf cresc.
sourdines aux 4 Cors
sourdines aux 3 Trompettes
Trp.
Trb. et Tuba
3°
Tuba
1° tempo et en retenant beaucoup
C
Vons
mf molto cresc.
p molto cresc.
Alt.
p molto cresc.
Vlle
p molto cresc.
C.B.
p molto cresc.

D
Cors
3°
pp
dim.
Trp.
sourdines 1° 2°
p
Timb.
Très lent
animez assez vivement
Vons
dim.
p
pp
Alt.
Vlle
pizz
C.B.
Fl.
1° 2°
1°
p molto dim.
mf

SCÈNE III — Une fontaine dans le parc.

On découvre le petit Yniold qui cherche à soulever un quartier de roc.

G
Fl.
Htb.
Cors
1° sans sourdine
3°
ôtez la sourdine
Y.
Elle est plus lour_de que moi...
plus animé
Elle est plus
Vons
pizz
Alt.
Velle
26
C.a.
Cl.
Bons
lour _ de que tout le mon - de.
Elle est plus lour_de que tout...
arco

Fl.
Htb.
C.a.
Cl.
B^ons 1°
Cors 3°
Y.

Je vois ma bal_le d'or en_tre le ro_cher et cet_te mé_chan_te pier - re,

V^ons pizz unis
Alt. pizz

Fl.
Htb.
C.a.
Cl.
B^ons
Cors 1°
Y.

Et je ne puis pas y at - tein - dre... Mon pe_tit bras n'est pas assez long

V^ons pizz arco
Alt. arco pizz.

Fl.
Htb.
C.a.
Cl.
Bons
Cors
Y.
Vons
Alt.
Velle
Tri.
C.B.
27
Et cet_te pier_re ne veut pas ê_tre sou_le_vé _ e...
On di_
_rait qu'elle a des ra _ cines dans la ter _ re...
div. pizz
pizz
unis
div.
arco pp

Htb.
C.a.
Cl.
Bons
Tri.
Y.
mf
dim.
pp
p
Oh!
oh!
J'en_tends pleu_rer les mou_tons...
arco
Vons
Alt.
Velle
C.B.
28
molto
Cors
piu p
2°
3°
4°
ppp
Tiens!
Il n'y a plus de so_leil...
piu pp
pizz

Cl.
B^ons
Cors
Y.
2^d V^on
Alt.
V^elle
Ils ar-ri-vent les pe-tits moutons; ils ar-
div.
arco
Fl.
Htb.
poco a poco cresc.
ri- vent...
Il y en a!..
Il y en a!..

Fl.
Htb.
Cl.
Bons
Cors
Y.
Ils ont peur du noir...
Ils se ser - rent! ils se ser - - rent!
2d Von
Alt.
Velle
C. B.
pizz
div.
Fl.
Htb.
C. a.
Cl.
Bons
Cors
Y.
Ils pleu - - rent et ils vont vi - te!..
Vons
Alt.
Velle
f expressif
f expressif

29
Fl.
C.a.
Cl.
Cors
Y.
Il y en a qui vou_draient prendre à droi_te...
Ils vou_draient tous al_ler à droi_te...
29
div. du bout de l'archet
Vons
Alt.
Velle
piu f
Fl.
Htb.
C.a.
Cl.
Bons
Cors
Y.
Ils ne peuvent pas!..
Le ber_ger leur jet_te de la ter_re...
Vons
Alt.
Velle

Htb.
C.a.
Cl.
Bons
Y.
Ah! ah! Ils vont pas - ser par i - ci...
Vons
Alt.
Velle
mf poco a poco dim.

Cl.
più dim.
Bons
Cors
1° 3°
Y.
Je vais les voir de près. Comme il y en a!..
Vons
Alt.
Velle

30
Fl.
C.a.
Cl.
B^ons
Tri.
Y.
Main_te _ nant ils se taisent tous...
Berger!
pourquoi ne
30
V^ons
Alt.
31
Fl.
Htb.
C.a.
B^ons
Cors
Y.
parlent-ils plus?
LE BERGER
Par_ce que ce n'est pas le che_min de l'é _ ta _ ble...
Où vont -
31
V^ons
Alt.
V^lle
expressif
piu p
à 2
unis
div.
div.en 3
p expressif

Fl.
C.a.
Cl.
Bons
Cors
Y.
Vons
Alt.
Velle
sf>p
pp en allant se
perdant
mf
1o
p
1o tr
dim.
pp
ils? Ber_ger? ber - ger? où vont - ils? Il ne m'entend
plus. Ils sont dé - jà trop loin... Ils ne font plus de bruit... Ce
sempre pp
pizz. unis
en allant se perdant
arco

32
1° 2°
3°
pp
Fl.
B^{ons}
1°
3°
sf > p
Y.
n'est pas le che_min de l'é_ta_ble... Où vont-ils dor_mir cet_te nuit?..
Oh!
32 un peu retenu
a tempo
pizz.
V^{ons}
Alt.
V^{lle}
C. B.
B^{ons}
mf
p
pp
Cors
1°
2°
4°
Y.
oh! il fait trop noir...
Je vais di_re quelque chose à quel_qu'un...
Il sort
più p
div.

SCÈNE IV

Entre Pelléas

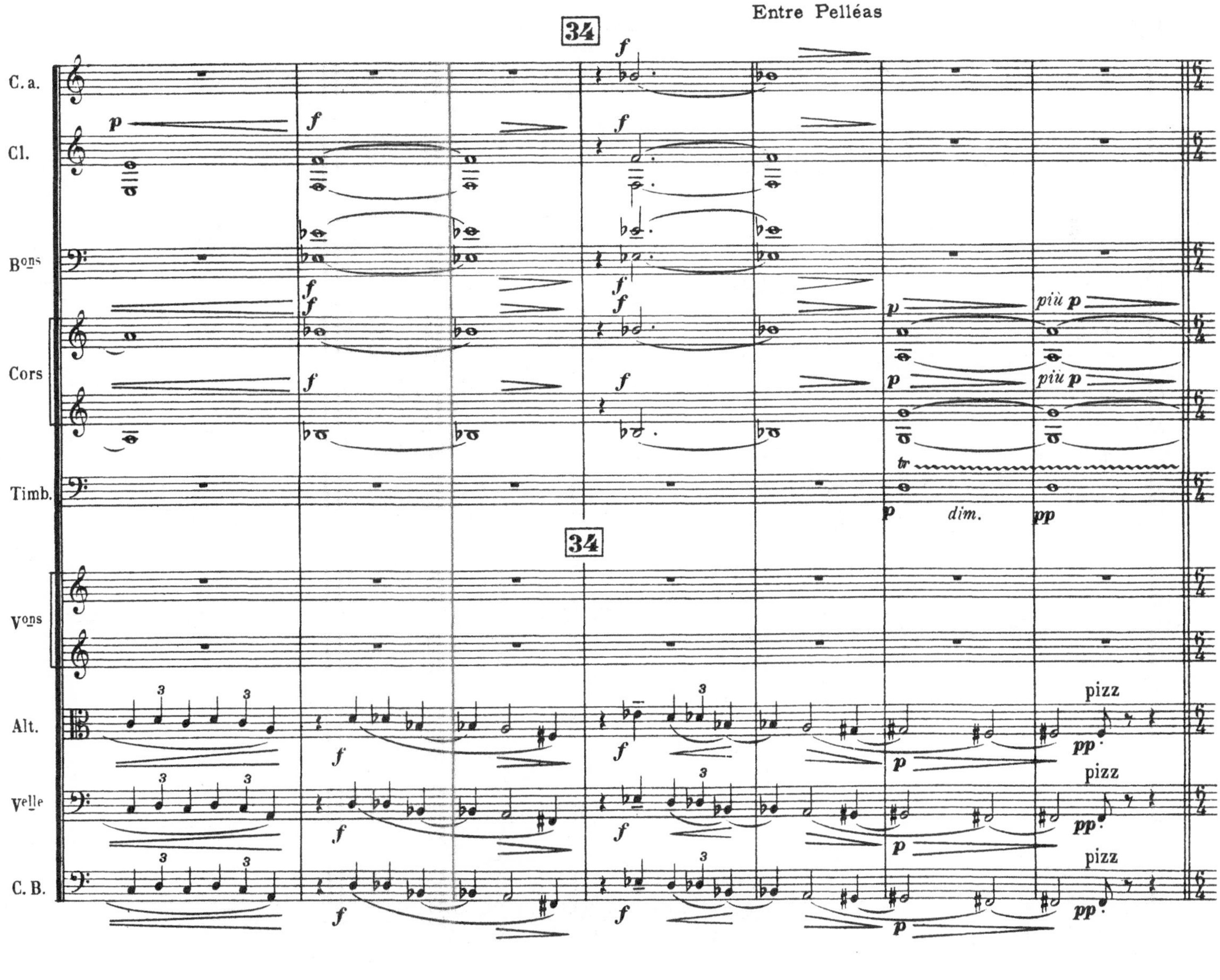

34

C. a.
Cl.
Bons
Cors
Timb.
Vons
Alt.
Velle
C. B.

p f più p dim. pp pizz

35
Cl.
pp
1°2°
Bons
Cors
2°
4°
Timb.
P.
C'est le dernier soir... le dernier soir... Il faut que tout finis_se...
J'ai jou_é comme un enfant au_tour d'une chose que je ne soupçonnais pas...
35
Très modéré la ♪=♩ du mouvt précédent
Alt.
Velle
div.
arco
unis
C.B.
arco
Fl.
à 2
Htb.
C.a.
Cl.
à 2
Bons
Cors
1°
P.
J'ai jou_é, en rêve, autour des piè_ges de la des_ti_né_ _e...
Qui est-ce qui m'a réveillé tout à coup?
animez
Vons
Alt.
Velle
C.B.

Fl.
Htb.
C.a.
Cl.
Bons
Cors
P.
Vons
Alt.
Vlle
C. B.
f expressif
piu f
f expresif
pizz.
arco
sf
f expressif et soutenu
Je vais fuir en cri_ant de joie et de douleur comme un a_veugle qui fui_rait l'in_cendie de sa mai_son.
serrez
à 2
cresc.
mettez les sourdines
Je vais lui dire que je vais fuir...
Il est tard;
El_le nevient pas...
2d Von
dim.

36
Fl.
Htb.
Cl.
Bons
Cors
P.
1°
mf
1° 2°
p
Je fe_rais mieux de m'en al _ ler sans la re_voir...
Il faut que je la re_gar_de
36 Assez animé
sans presser
Vons
div.
Alt.
Velle
C.B.
pizz
f
tr
C.a.
un peu en dehors
expressif
cresc.
à 2
3°
bien cette fois-ci... Il y a des cho_ses que je ne me rap_pel_le plus...on di _ rait par moment qu'il y a cent ans que je ne l'ai plus

37
Fl.
Htb.
C.a.
Cl.
Bons
Cors
P.
vu - e...
Et je n'ai pas encor regar - dé son re - gard...
Il ne me reste rien si je m'en vais ainsi...
retenu
37 Modéré
Vons
Alt.
Velle
C.B.
pizz
arco
4 Velles Soli
doux et expressif
div. pizz
Tutti
Et tous ces souve - nirs...
C'est comme si j'empor - tais un peu d'eau dans un
sac de mousse - li - ne.
2d Von
Alt.
Velle

Htb.
C.a.
Cl.
Bons
P.
Animé
Il faut que je la voie u_ne der_niè_re fois jusqu'au fond de son cœur...
Il faut que je lui di_se
Vons
Alt.
Velle
piu f
38
Cors
entre Mélisande
M.
Pellé_as!
Oui.
tout ce que je n'ai pas dit...
Mélisande! Est-ce toi, Mélisande?
Viens i _ ci,
ne reste
serrez
retenu
Modéré
sur la touche
pizz pp
C.B.

Fl.
Cl.
Bons
Cors
M.
P.
Vons
Alt.
Velle
C.B.
Laissez moi dans la clarté...
pas au bord du clair de lu_ne, Viens i_ci, nous avons tant de choses a nous di_re... Viens i_ci dans l'ombre du tilleul. On pour_
_rait nous voir des fe_nê_tres de la tour. Viens i_ci; i_ci, nous n'a_vons rien à crain_dre.
div.
arco
1° 2°
4°

Fl.
Cl.
Bons
Cors
M.
P.
Vons
Alt.
Velle
Je veux qu'on me voie...
Oui;
Prends garde; on pourrait nous voir!
Qu'as-tu donc?
Tu as pu sor-tir sans qu'on s'en soit aper-çu?
div.
sempre pp
39
Htb.
C.a.
Cl.
Bons
Cors
M.
P.
Vons
Alt.
Velle
C.B.
vo-tre frè-re dor-mait...
Il est tard, dans une heure on fer-me-ra les por-tes. Il faut prendre gar-de.
pizz
dim.
più p

1° un peu en dehors
Fl.
Htb.
Cl.
Bons
Cors
M.
P.
1°
Vo_tre frè - re a_vait un mauvais rê_ve. Et puis ma ro_be s'est accro_
Pourquoi es-tu ve_nue si tard?
plus animé
div.
Vons
arco
Alt.
arco
div.
arco
Vlle
pizz
arco
C.B.
pizz
à 2
C.a.
cresc.
_chée aux clous de la por_te. Voy_ez elle est dé_chi rée. J'ai per_du tout ce temps et j'ai cou_ru...
Ma
mf

Fl.
Htb.
C.a.
Cl.
Cors
P.
pauvre Mé-li-san-de!.. J'au-rais presque peur de te tou-cher... Tu es en-core hors d'halei-ne Comme un oi-seau pourchas-
un peu retenu
a tempo (animé)
Vons
div.
pizz
Alt.
Velle
C.B.
40
à 2
Fl.
Htb.
C.a.
Cl.
Bons
P.
-sé... C'est pour moi que tu fait tout ce - la J'entends battre ton coeur com-me si c'é-tait le mien...
40 Animez
Vons
unis
Alt.
Velle
C.B.

Fl.
Htb.
C.a.
Cl.
Bons
M.
P
Vons
Alt.
Velle
mf
molto cresc.
p
1o
Pour - quoi riez-vous?
Viens i - ci... plus près de moi... Je ne ris pas; ou
molto
cresc.
retenu
f
bien je ris de joie sans le sa - voir... Il y au-rait plu - tôt de quoi pleu-rer...

41
Fl.
Cl.
Cors
1º
3º
1re H.
M.
Nous sommes venus i_ci il y a bien longtemps Je me rap_pelle...
P.
Oui... il y a de longs mois. A_lors je ne savais pas...
41 Modéré
sourdines
Vons
sourdines
pizz
Alt.
Mettez vite les sourdines
Velle
Mettez vite les sourdines
C.B.
Plus modéré
Cors
très expressif
1re H.
M.
Non
P.
Sais-tu pour-quoi je t'ai de_man_dé de ve_nir ce soir? C'est peut ê_tre la der_niè_re
2 1rs Vons Soli
sans sourdine
très expressif
1º Vons div.
Alt.
Velles
6 Velles Soli

Cors
M.
P.
Pourquoi dis tu toujours que tu t'en vas?
fois que je te vois...
Il faut que je m'en aille pour toujours!
Je dois te dire ce que tu sais dé-
serrez
au mouvt
dim.
1° Vons div.
Alt.
Velles
Otez vite les sourdines
Otez vite les sourdines
Otez vite les sourdines
Otez vite les sourdines
Otez vite les sourdines
42
Fl.
Htb.
Cl.
Bons
Cors
M.
P.
Mais non, mais non; je ne sais rien,
-jà? Tu ne sais pas ce que je vais te di - re?
Tu ne sais
42
Animez peu à peu
Vons
1° Tous
2° div.
Alt.
Velle
C.B.

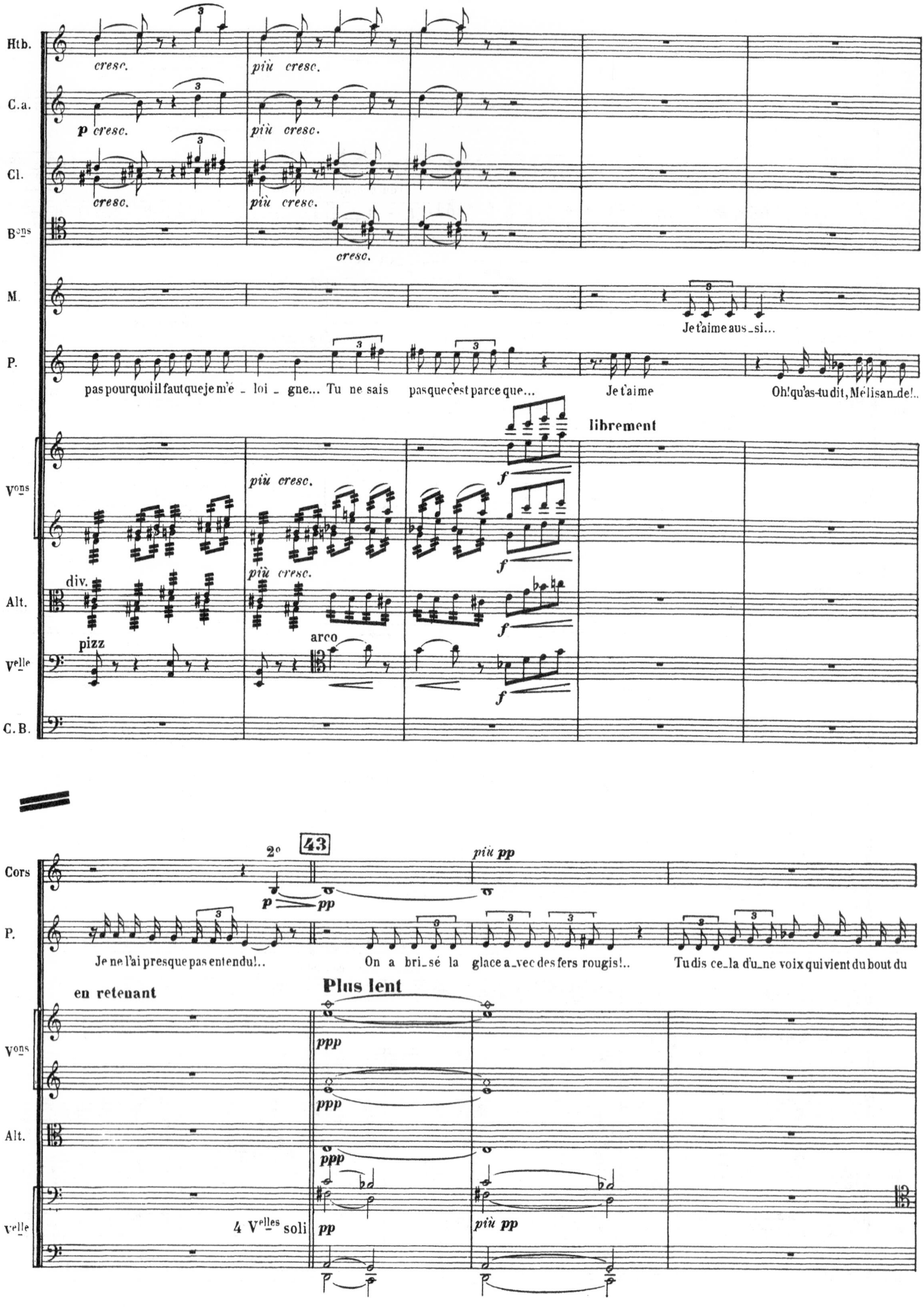

Htb.
cresc.
più cresc.
C. a.
p cresc.
più cresc.
Cl.
cresc.
più cresc.
B^ons
cresc.
M.
Je t'aime aus_si...
P.
pas pourquoi il faut que je m'é _ loi _ gne... Tu ne sais pas que c'est parce que... Je t'aime Oh! qu'as-tu dit, Mélisan_de!..
librement
V^ons
più cresc.
f
più cresc.
f
div.
Alt.
f
pizz
arco
V^elle
f
C. B.

Cors
M.
P
Vons
Alt.
Velle
2°
pp
più pp
Depuis toujours... Depuis que je t'ai
mon_de!.. Je ne t'ai presque pas entendue... Tu m'aimes? tu m'aimes aussi?.. Depuis quand m'aimes-tu?
Très retenu
pizz
ppp
44
Fl.
H.
doux et expressif
1°
piu p
vu...
On di_rait que ta voix a pas_sé sur la mer au prin_temps!.. Je ne
arco
pp molto dim.
div. à 6
1.2.
3.4.
5.6.
1.2.3.
4.5.6.
e marcato
1 Velle solo

Fl.
Htb.
Cl.
Cors
H.
P.
Alt.
Velle
1°
p doux et expressif
pp
4°
Tous. div.
l'ai jamais entendue jusqu'ici. On di - rait qu'il a plu sur mon
coeur!.. Tu dis ce_la si franche - ment!.. Comme un an - ge qu'on inter_ro - ge...
45
1°2°
p
1r Von
6 1rs Vons
2d Von
6 2ds Vons

Fl.
Htb.
C.a.
Cl.
Bons
Cors
H.
M.
P.
1r Von
2d Von
Alt.
Velle
1° 2°
p cresc.
p
1°
3°
sans sourdines
animez
Je ne puis pas le croire, Mélisan_de
Pourquoi m'aimerais-tu? Mais pourquoi m'aimes-tu?
Est-ce vrai ce que tu dis? Tu ne me trompes

Fl.
Htb.
C. a.
Cl.
Bons
Cors
H.
M.
P.
1rVon
2dVon
Alt.
Velle
1°
1° 2°
mf
p
pp
pizz
Tous
Non, je ne mens jamais, je ne mens qu'à ton frè_re...
pas? Tu ne mens pas un peu, pour me faire souri_re?..
Oh! comme tu dis ce_la!.. Ta

46

Fl. Htb. C.a. Cl. Cors 1 H. P. Vons Alt. Velle C.B.

1º

p

pp

voix! ta voix... Elle est plus fraîche et plus franche que l'eau!.. On di - rait de l'eau

arco

più pp

div.

più p

pp très doux

pizz.

Fl. Htb. Cl. Cors 1 H. P. 2d Von Alt. C.B.

pu - re sur mes lè - - - vres... On di - rait de l'eau

Fl.
Htb.
Cl.
Cors
H.
P.
pu - re sur mes mains...
Don - ne - moi, don - ne -
2d Von
Alt.
C. B.
Fl.
Htb.
Cl.
Bons
P.
moi tes mains. Oh! tes mains sont pe - ti - tes!..
Je ne sa - vais
Vons
Alt.
Velle

Fl.
Cl.
Bons
Cors
P.
Vons
Alt.
Velle
à 2
1° 2°
cresc.
pas que tu é_tais si bel_le!..
Je n'a_vais ja_mais rien vu d'aussi beau a_vant
più p
p doux et expressif
doux et expressif
div.
Htb.
C. a.
C.B.
animez peu à peu
1°
sf
toi...
J'é_tais in_quiet, je cherchais partout dans la maison... Je cherchais par_tout dans la campagne,
pizz.
arco
unis

Fl.
à 2
Htb.
p
cresc.
molto cresc.
C.a.
Cl.
Bons
2o
3o
Cors
H.
P.
Et je ne trou_vais pas la beauté...
Et main_te_nant je t'ai trou_
Vons
Alt
Velle
C B

47
Fl.
Htb.
C. a.
Cl.
Bons
3°
Cors
4°
H.
1° 2°
Très animé
P.
_vée... Je l'ai trou _ vée je necrois pasqu'il y ait sur la terre u_nefem_me plus bel _ le!..
47
Vons
f expressif et très soutenu
dim.
Alt.
Velle
C. B.

Fl
C. a.
Cors
M.
P.
Vons
Alt.
Velle
2°
4°
pp
C'est que je te re _ gar _ de...
Où es-tu?
Je ne t'entends plus res_pi_rer...
Pourquoi me regardes-tu si
Retenu
pp
dim.
solo expressif
p
tous
48
à 2
Cl.
Bons
1°
gra_ve_ment?
Nous sommes dé_jà dans l'om _ bre.
Il fait trop noir sous cet ar _ bre.
Retrouver peu à peu le mouvt animé
unis

Fl.
p doux et expressif
p
cresc.
molto cresc.
Htb.
molto cresc.
C. a.
Cl.
p expressif cresc.
mf cresc.
Bons
p molto cresc.
Cors
1°
p doux et expressif
cresc.
à 2
p molto cresc.
1e H.
p
cresc.
molto cresc.
P.
Viens, dans la lu_miè - re. Nous ne pouvons pas voir combien nous sommes heu - reux. Viens,
Vons
p léger
cresc.
molto cresc.
Alt.
p léger
cresc.
molto cresc.
Vlle
p expressif
p
cresc.
molto cresc.
C. B.
p
cresc.
molto cresc.

49
Plus lent
Fl.
Htb.
C. a.
Cl.
Bons
Cors
H.
M.
P.
Vons
Alt.
Velle
C. B.
f
p
più p
p très doux
pp
2°
3°
Non, non, restons i _ ci... Je suis plus pres de
viens; il nous res_te si peu de temps...,
pizz
arco

Htb. C. a. Cl. Bons Cors M. P. Vons Alt. Velle C. B.

M.: toi dans l'obscu_ri_té...

P.: Où sont tes yeux? Tu ne vas pas me fuir? Tu ne songes pas à moi en ce mo_

arco — au mouvt (animé)

Cors M. P. Vons Alt. Velle

P.: _ment... Tu regardais ail_leurs...

M.: Mais si je ne songe qu'à toi... Je te voy_ais ail_leurs...

P.: Tu es dis_trai_te... Qu'as-tu donc? Tu ne me sembles pas heu_

plus lent — doux et expressif — pizz

C. a.
Cl.
Bons
Cors
Timb.
M.
P.
Vons
Alt.
Velle
C. B.
expressif
2o
La-Ré ♯
Si, si, je suis heu_reu_se, mais je suis tris_te...
_reu_se...
Même mouvt
(sombre et inquiet)
2o bouchez
id
serrez
peu à peu animé
Oui, on a fer_mé les por_tes...
Quel est ce bruit?
On ferme les por_tes...
Nous ne pouvons plus ren_

Htb.
C. a.
Cl.
B^ons
Cors
P.
V^lle
C. B.
1°
2°
3°
1° 2°
cresc.
bouchez
id
unis
_trer? Entends-tu les verroux?
E _ cou _ te!
Ecou _ te...
50
Animé
sur le chevalet et très serré
pos. ordinaire
molto cresc.
Les gran _ des chaî _ _ nes!..
Il est trop
V^ons
Alt.
div.
très soutenu

Fl.
H.b.
C.a.
Cl.
Bons
Cors
M.
P.
Vons
Alt.
Velle
C.B.
div.
pizz
arco
Tant mieux! tant mieux!
tard, il est trop tard!..
Tu?.. voi_là,

Fl.
Htb.
C.a.
Cl.
Bons
Cors
M.
P.
Vons
Alt.
Velle
C.B.
f>p
p
p expressif
à 2
2°
3°
voi-là!... Ce n'est plus nous qui le voulons!... Tout est perdu, tout est sauvé! Tout est sauvé ce soir!...
sf p
div.
unis
sf>p

Animé
51
Fl.
Htb.
à 2
C.a.
Cl.
2°
Bons
Cors
3°
Trb.
1° 2°
3°
1re H.
un peu en dehors
M.
P.
il l'enlace
Viens, viens.. mon cœur bat comme un fou jusqu'au fond de ma gor_ge...
Modéré profondément doux et passionné
Animé
51
Vons
unis
Alt.
Velle
C.B.

modéré
retenu
plus retenu
Fl.
Htb.
C.a.
Cl.
Bons
Cors
Les 4 Cors mettent vite la sourdine
1re H.
molto dim.
2e H.
molto dim.
P.
E - cou - te!
Mon cœur est sur le point de m'étrangler... Viens!..
Ah!
Vons
très expressif
très expressif
div.
Alt.
4 Velles Soli
Tous
Velle
C.B.

très retenu
52
Animez sombre et inquiet
Fl.
pp très expressif
Prenez la Pte Flûte
pp
Cl.
1°
pp très expressif
Cors
pp
pp
pp
pp
4°
pp
Trb.
1° 2°
pp
sol ♭ si ♭
Timb.
pp
1re H.
pp
ppp
(lentement arpégé)
2e H.
pp
ppp
M.
Il y a quelqu'un
P.
qu'il fait beau dans les té - nè - bres...
très retenu
52
Animez sombre et inquiet
Vons
pp
dim.
pp
dim.
unis
Alt.
pp
dim.
pizz
pp
Vlle
pizz
pp
pp
pizz
C.B.
ppp
arco
pp

Cl.
B^ons
Cors
Trb.
Timb.
M.
P.
Alt.
V^elle
C.B.
derrière nous...
J'ai en_ten_du du bruit...
Je ne vois per_sonne...
Je n'entends que ton cœur dans l'obscu_ri_
arco sur la touche
modéré
Fl.
Htb.
C.a.
V^ons
J'ai en_ten_du craquer les feuilles mor_tes...
_té...
C'est le vent qui s'est tu tout à coup... Il est tom_
pizz
arco

53
Fl.
Htb.
C.a.
Cl.
Bons
Cors
1re H.
M.
Comme nos om - bres sont grandes ce soir
P.
-bé pendant que nous nous embrassions.
El - les s'en - lacent jusqu'au fond du jardin!..
53
Vons
Alt.
Vlle
C.B.
pp
più pp
arco

retenu — Agité

Fl. / Htb. / C.a. / Cl. / B^ons / Trb. / Timb. / 1re H. / M. / P. / V^ons / Alt. / V^elle / C.B.

sol ♭ re ♮

M.: Ah! Il est derrière un

P.: Ah! qu'elles s'em-brassent loin de nous! Regar-de! Regar-de!

pizz — arco — piu p — dim. — pp

54

M.: arbre! Golaud! Là... au bout de nos ombres...

P.: Qui? Golaud? où donc? je ne vois rien... Oui,

C.a.
Cl.
Bons
Cors
Trb.
Timb.
M.
P.
Alt.
Velle
C.B.
Changez le sol♭ en fa♯
Il a son é_pée...
Il a vu que nous nous embrassions...
oui; je l'ai vu...
Ne nous retournons pas brusquement.
Je n'ai pas la mienne...
Il
pizz
arco div.
div.
pizz
arco
div.
pizz
unis
arco
ne sait pas que nous l'a_vons vu...
Ne bouge pas; ne tourne pas la tê_te. Il se préci_pi_te_rait...
dim.
p molto dim.

Htb
C.a.
Cl.
B^ons
Cors
Timb.
P.
Il nous ob_ser _ ve... Il est encore immo _ bi _ le...
Va t'en, va
2^d V^on
div.
pizz.
arco
Alt.
V^elle
pizz
C.B.
55
Les 4 Cors otent vite la sourdine
M.
Non, non!..
t'en tout de sui_te par i_ci...
Je l'atten _ drai... je l'ar_rê_te _ rai... va t'en
Il a tout
cresc.
molto

Fl.
Htb.
C.a.
Cl.
B^ons
Cors
M.
P.
V^ons
Alt.
V^elle
C.B.
à 2
1°
2°
p cre - scen - do
f
mf
p
mf cresc.
3°
Tant mieux! tant mieux!..
vu... Il nous tuera!.. Il vient! Ta
unis
p expressif et en dehors
pizz
sf

56 Avec emportement
Fl.
Htb.
C.a.
Cl.
Bons
Cors
M.
P.
Vons
Alt.
Velle
C.B.
f
p
molto cresc.
1°
2°
3°
4°
Oui!... oui!... oui!...
bou - che!... ta bou - - che!..
div
pizz.
arco

rubato - - - reprenez le mouvt très animé jusqu'à la fin
1.2°
Fl.
Htb.
C.a.
Cl.
Bons
3°
Cors
3°
1re H.
P.
Oh!
oh!
toutes les é_toi_les tom - bent!
rubato - - - reprenez le mouvt très animé jusqu'à la fin
Vons
Alt.
Velle
C.B.

57
Fl.
Htb.
C.a.
Cl.
Bons
Cors
4°
1°2°
Trp.
2e H.
1° 2°
M.
Sur moi aus_si! sur moi aus_si!..
P.
En - co - re! En_co - re!... don - - ne!
57
Vons
Alt.
Velle
C.B.

58 très animé
Fl.
Pte Fl.
Htb.
C.a.
Cl.
Bons
Cors
cuivrez
cuivrez
Trp.
1° 2°
3°
Trb. et Tuba
1°
2° 3°
Tuba
M.
Tou - te! tou_te! tou_te!
P.
don_ne! don_ne!
58 très animé
Vons
près du chevalet
près du chevalet
Alt.
près du chevalet
Velle
près du chevalet
C.B.

Cl.
Bons
Cors
Trb. et Tuba
Tuba
sol♭, si♭, fa
Timb.
M.
Oh! oh! Je n'ai pas de cou_ra - ge!.. Je n'ai pas de cou_ra - ge... Ah!
pos. ord.
Vons
Alt.
Velle
C.B.
dim. molto
59
à 2 molto cresc.
molto cresc.
RIDEAU
59
molto cresc.

à 2
Pre Fl.
à 2
1.2°
Fl.
Htb.
C.a.
Cl.
Bons
Cors
Trp.
Trb. et Tuba
Timb.
Vons
Alt.
Velle
C.B.
molto cresc.
cresc.
ff
mf
f
sec

ACTE V

Une chambre dans le château

Fl.
C.a.
Cl.
H.
Vons
Alt.
Velle
C.B.
1
pp très doux et très expressif
pp très doux
div.
pizz.
arco
On découvre Arkel, Golaud et le médecin dans un coin de la chambre.
Mélisande est étendue sur le lit.
RIDEAU

Bons 1o pp

H. p

LE MÉDECIN

Ce n'est pas de cette pe_ti_te bles_su_re qu'elle peut mourir; un oi_seau n'en serait pas mort... ce n'est donc pas

Vons sempre pp — pizz p

Alt. sempre pp — pizz p

Velle sempre pp — pizz p

C. B. sempre pp — pizz p

le M. vous qui l'a_vez tu_ée, mon bon sei_gneur; **2** ne vous dé_so_lez pas ain_si... Et puis, il n'est pas dit que nous ne la sau_ve_rons

Vons arco p — p — pizz più p

Alt. arco p — p — pizz più p

Velle arco p — p — pizz più p

C. B. arco p — pizz più p

ARKEL

non, non; il me semble que nous nous taisons trop mal_gré nous dans sa cham_bre, ce n'est pas un bon si_gne...

le M. pas...

Vons arco pp

Alt. arco pp

Velle arco pp

C. B. sempre pizz pp — arco pp

3 Fl.
1° 2°
3°
pp
Cl.
A.
Regardez comme elle dort... lentement, len_te_ment... on di_rait que son âme a froid pour toujours...
Vons
Alt.
Velle
C. B.
Cors
avec sourdines
pp expressif
3° avec sourdines
ôtez la sourdine
3
GOLAUD
J'ai tu_é sans raison! Est-ce que ce n'est pas à faire pleurer les pierres!... Ils s'étaient embrassés comme des petits-en_
soutenu et expressif
p

Bons
Cors
Go.
_fants... Ils étaient frère et sœur... Et moi, moi tout de sui_te!.. Je l'ai fait malgré moi, voyez-vous... Je l'ai fait malgré moi
serrez
Vons
Alt.
Velle
C. B.
cresc.
Fl.
C. a.
Cl.
Cors
a tempo
H.
MÉLISANDE
Ouvrez la fe _ nê _ tre... ou_vrez la fe_
le M.
Attention; je crois qu'elle s'é _ veil_le...
a tempo
Vons
Alt.
Velle
C. B.

4
Fl.
Htb.
C.a.
H.
M.
A.
Vons
Alt.
Vlle
C.B.
1º 2º
_nê _ tre...
Non, non,
la grande fe _ nê _ tre... c'est pour
Veux-tu que j'ouvre celle-ci Méli _ san_de?
div.
dim.
Cl.
Bons
Cors
le M.
doux
più p
voir...
Est-ce que l'air de la mer n'est pas trop froid ce soir?
Fai_tes, fai _ tes...
Mer_ci...
div. pizz
arco
pizz

5
Fl.
Cl.
Bons
Cors
H.
M.
Est-ce le soleil qui se cou_che?
A.
Oui; c'est le so_leil qui se couche sur la mer; il est tard.
div.
unis
Vons
Alt.
Velle
C. B.
Htb.
1° solo
triste et très doucement expressif
dim.
Bien, bien, Pourquoi demandez-vous ce_là? Je n'ai jamais é_té mieux portan_te
Comment te trouves-tu Mé_li_san_de?
sur la touche
2d Von
pizz

6

Htb.

C.a.

p triste et très doucement expressif

pp

Bons

1° solo

pp

M.

Il me semble cependant que je sais quelque cho_se...

Je ne comprends pas non

A.

Que dis - tu? Je ne te comprends pas...

6

Vons

div. pizz.

pp

arco

pp aussi doux que possible

sur la touche

pp aussi doux que possible

Alt.

p

pp

pp aussi doux que possible

Velle

pp aussi doux que possible

C. B.

Bons

H.

pp

più pp

M.

plus tout ce que je dis, Voy_ez - vous... Je ne sais pas ce que je dis... Je ne sais pas ce que je sais... Je ne dis plus ce que je veux...

retenu

Vons

Alt.

più pp

Velle

à 4 soli

più pp

C.B.

Htb.
C.a.
Cl.
Bons
A.
Mais si, mais si...
Je suis tout heureux de t'en - tendre parler ainsi;
tu as eu un peu de déli_re ces jours-ci,
au mouvt
Vons
Alt.
tous div.
Velle
C.B.
7
Fl.
Bons
Cors
M.
Je ne sais pas...
E_tes-vous seul dans la chambre,
et l'on ne te comprenait plus...
Mais maintenant, tout ce _ la est bien loin!..
très expressif
cresc.
dim.

C. a.
Bons
Cors
M.
A.
Vons
Alt.
Velle
C. B.
grand pè_re?
Ah!..
Qui
Non,
il y a encor le médecin qui t'a gué_ri_e...
Et puis il y a en_co_re quelqu'un...
est-ce?
C'est... il ne faut pas t'effray_er.
Il ne te veut pas le moindre mal, sois en sû_re...
Si tu as peur, il s'en i_ra...
8
p
pp
2°
più p
dim.

1°
Bons
molto dim.
Cors
3°
M.
Qui est-ce?
Golaud est-i_ci? Pour-quoi ne vient-il pas près de moi?
A.
Il est très malheureux... C'est... c'est ton mari... c'est Golaud...
pizz
arco
Vons
Alt.
Velle
C.B.
1° 2°
Cl.
Bons
M.
Est-ce vous, Golaud? Je ne vous reconnaissais presque plus.
Go.
Mélisande... Mélisan_de...
retenu
9
Moins lent
2 1rs Vons Soli
très doux
2 2ds Vons Soli
2 Alt. Soli
2 Velles Soli
arco

Fl.
Cl.
Bons
Cors
M.
C'est que j'ai le so_leil du soir dans les yeux...
Pourquoi regardez-vous les murs?
Vous a_vez maigri et vieil_
1er mouvt
Vons
Alt.
Velle
C.B.
Htb.
Go.
li.
Y a t'il long_temps que nous nous sommes vus?
en animant peu à peu
Voulez-vous vous éloigner un instant, mes pauvres amis...
2d Von
très doux
doux et expressif
dim.
div. en 3
Tous
div.
pizz
arco
unis

10

C.a.

Bons

1° 3°

Cors

1° 2°

Go.

Je laisse_rai la porte grande ouver _ te... un ins_tant seu_le_ment... Je voudrais lui dire quelque cho _ se,

10

Vons

Alt.

Velle

C.B.

plus animé

Htb.

C.a.

Cl.

Bons

Cors

cre - scen - do

cresc.

Go.

Sans ce_la je ne pourrais pas mourir... Voulez-vous Vous pouvez re_venir tout de sui_te... Ne me re_fusez pas ce_

plus animé

Vons

Alt.

Velle

C.B.

cre - scen - do

molto cresc.

11 retenu
encore plus retenu
Htb.
C.a.
Cl.
Bons
Cors
Go.
molto dim.
dim. p
p e molto dim.
3o 4o
-la . . . je suis un malheu-reux . . .
Mé-li-san - de,
11 retenu
encore plus retenu
Lent avec une
Vons
Alt.
Velle
C.B.
dim.
pp expressif
pizz
M.
Go.
12
Oui, oui, je te par-
as-tu pitié de moi comme j'ai pitié de toi? . .
Mé-li - san - de . . . Me pardonnes-tu, Mé-li-san - de? . .
grande émotion
Moins lent
2 1rs Vons Soli
2 2ds Vons Soli
2 Alt. Soli
2 Velles Soli

C.a.
Bons
Cors
M.
Go.
1°
2°
p
pp
_donne... Que faut-il pardon _ ner?
Je t'ai fait tant de mal, Mé_li _
Animé et agité
Vons
Tous div.
Alt.
Velle
C.B.
_san _ de...
Je ne puis pas te dire le mal que je t'ai fait

13
Htb.
Cl.
Bons
1° 2°
p expressif et soutenu
Cors
2°
pp
1°
p expressif dim.
Go.
Mais je le vois, je le vois si clairement aujourd'hui... de-puis le pre-mier jour...
13
Vons
div.
Alt.
Velle
pizz
arco
div.
C.B.
Cl.
Bons
Cors
4°
dim.
Go.
Et tout est de ma fau-te, tout ce qui est arri-vé, tout ce qui va ar-ri-
Vons
Alt.
Velle
C.B.

14
Htb.
Cl.
Bons
Cors
Go.
à 2
4° p
dim.
-ver...
Si je pou-vais le di - re, tu verrais comme je le
14
Vons
unis
Alt.
Velle
C.B.
pizz
Fl.
C.a.
vois! je vois tout je vois tout!..
Mais je t'aimais tant!.. je t'aimais tant...
Mais mainte - nant, quel -
div.
arco

15

Fl.
mf f
mf f
f
f très soutenu

Htb.
mf f
mf f
f
f très soutenu

C.a.
mf f
mf f
f
f très soutenu

Cl.
mf f
mf f
f
f très soutenu

Bons
mf f
mf f
f
f très soutenu
f très soutenu

Cors

Timb.
tr
f

Go.
-qu'un va mourir... C'est moi qui vais mou-rir... Et je voudrais sa-voir

15

unis

Vons
mf f
mf f
f
f f
mf f
mf f
f
f f

Alt.
mf f
mf f
f
f f

Velle
mf f
mf f
f

C.B.

Fl.
più f
ff
Htb.
C.a.
Cl.
B^ons
Cors
Timb.
sec
Go.
Je vou_drais te demander...
Tu ne m'en voudras pas?..
Il faut di_re la vé_ri_té à quel_
V^ons
Alt.
V^elle
C.B.
arco

16
2°
4°
Cors
Go.
-qu'un qui va mou - rir...
Il faut qu'il sa-che la vé-ri-té,
Sans cela il ne pourrait pas dormir...
16
f soutenu et expressif
div.
dim.
Vons
Alt.
Velle
C.B.
Htb.
M.
1°
1° 2°
mf
f
Oui.
Mais oui;
Me ju-res-tu de di-re la vé-ri-té?
As-tu ai-mé Pellé - as?
Retenu
au mouvt
pp
p

1r Solo
p doux et expressif
dim. molto
au mouvt
Fl.
Cors
1o 2o
4tre H.
M.
Je l'ai ai_mé.
Où est-il?
Go.
Tu ne me comprends pas?
Tu ne veux pas me comprendre?
17 Lent
au mouvt
Vons
Alt.
Velle
C.B.
Serrez
modéré
Fl.
1o Solo
Htb.
C.a.
Cl.
Bons
Cors
Go.
Il me semble...
Il me sem - ble...
Eh bien. voi_ci.
Je te de _ mande si tu l'as aimé d'un amour défen_
Serrez
modéré
Vons
Alt.
Velle
C.B.
unis

18
C.a.
Cl.
Bons
M.
Go.
Non, non.
_du? As-tu... avez-vous été coupables Dis, dis, oui, oui, oui, oui,
serrez
très modéré
Vons
div.
dim.
Alt.
cresc.
Velle
C.B.
19
Fl.
Htb.
à 2
Cors
nous n'a_vons pas é _ té cou_pa _ bles. Pourquoi demandez-vous ce _ la?
Méli _ san _ de!.. dis-moi la
1 1er Von Solo
doux et expressif
19 animez
Tous
div.

Fl.
Htb.
C.a.
Cl.
Cors
M.
Go.
Pourquoi n'ai-je pas dit la vé-ri - té?
Qui est-ce qui va mou-
vérité pour l'amour de Dieu!
Ne mens pas ain - si au mo - ment de mourir?
très modéré
1er Von Solo
doux et expressif
Tous
1er Von Solo
expressif dim.
2d Von Solo
express. dim.
1 Alto Solo
express. dim.
1 Velle Solo
expressif dim.
Vons
Alt.
Velle
C.B.
20
Htb.
Cl.
Bons
M.
Go.
-rir? Est-ce moi?
Toi, toi, et moi, moi aus-si, a-près toi!..
Et il nous faut la vé-ri-
Serrez beaucoup
20 Peu à peu animé
Tous
Tous
Tous pizz
cresc. molto
Tous pizz
pizz
cresc. molto
arco
piu f
Vons
Alt.
Velle
C.B.

Htb.
C.a.
Cl.
Bons
Cors
Go.
mf cresc. molto f più f
té... Il nous faut en_fin la vé_ri_té, entends_tu!... Dis-moi tout! Dis_moi tout! Je te par_don_ne
plus animé
Vons
unis
Alt.
Velle
C.B.
21 Animé
M.
Pour_quoi vais-je mourir? Je ne le savais pas.
Tu le sais maintenant..Il est temps!.. Vi_te! Vi_te!
tout!
cédez
dim. più dim. cresc. molto

Fl.
Htb.
C.a.
Cl.
Bons
Cors
1re H.
M.
Go.
Vons
Alt.
Velle
C.B.
pp doucement expressif
La vé_ri_té... la vé_ri_té...
La vérité! la vé_ri_te!
Où es-tu Méli_
très retenu
très modéré
pizz
più p
pp doucement expressif

22
Fl.
Htb.
C.a.
Cors
1ʳᵉ H.
Go.
Entrent Arkel et le médecin
-sande! Où es-tu? Ce n'est pas naturel! Mélisande! Où es-tu?
Oui, oui, vous pouvez rentrer
Vons
Alt.
Velle
C.B.
molto dim.
div.
sempre pp
Bons
doux et expressif
Je ne sais rien, c'est inutile... elle est déjà trop loin de nous...
Je ne saurai jamais!.. Je vais mourir ici comme un aveugle!
Plus lent
pizz
p doux et expressif

23

Htb. C.a. Cl. B^ons M. Go. A.

p dim. p

>p sf

Go.: Je l'ai dé_jà tu_é_e...

A.: Qu'avez-vous fait? vous allez la tu_er...

M.: Est-ce vous, grand

A.: Mé_li_san_de...

23

Serrez - - - - - - revenez au mouv^t **plus lent** 1 1er V^on Solo

V^ons Alt. V^elle C.B.

arco

p très expressif

sf

dim.

1 V^elle Solo

p très expressif

24

Htb. Cl. Cors M. A

1° 2°

M.: pè_re? Est-il vrai que l'hiver commen_ce?

A: Oui, ma fil_le... Que veux-tu que je fas_se? Pourquoi demandes-tu ce_

24

Tous div. 1 1er V^on Solo

mp très expressif

V^ons Alt. V^elle C.B.

Tous div. 1 V^elle Solo

mp

Fl.
Htb.
C a.
Cl.
Bons
Cors
M.
A.
Vons
Alt
Velle
C.B.
sfp
p
più p
3°
C'est qu'il fait froid et qu'il n'y a plus de feuil_les...
Non...
_la?
Tu as froid? Veux-tu qu'on ferme les fe _ nê_tres.
div.
pp
Tous div.

Encore plus lent
25
Fl.
Htb.
C.a.
Cl.
Bons
Cors
M.
jusqu'à ce que le soleil soit au fond de la mer.
Il descend lentement; a - lors c'est l'hiver qui commence?
Encore plus lent
25
Tous
unis
Vons
Alt.
pizz
arco
Velle
C.B.

Fl
pp
Htb.
1º
p
pp
C.a.
Cl
B^ons
1.2º
Cors
1re H.
M.
Oh! non. J'ai peur du froid! j'ai si peur des grands froids. Oui, oui,
A.
Tu n'aimes pas l'hi _ ver?
Te sens-tu mieux?
div.
V^ons
div. en 3
Alt.
pizz
V^elle
div. arco
C.B.

26
Htb.
C.a.
Cl.
1re H.
M.
A.
je n'ai plus toutes ces inquiétudes
Quel enfant?
Où est-el_le
Veux-tu voir ton en_fant?
Ton en_fant.
Ta pe_ti_te fil_le...
I_
26
V^ons
div. en 2
Alt.
unis
V^elle
div
C.B.
Fl.
Htb.
Cl.
1°
M.
C'est é_tran ge...
Je ne puis pas lever le bras pour la prendre...
A.
_ci...
C'est que tu es encor très faible
V^ons
Alt.
pizz
V^elle
pizz
C.B.

27
Fl.
Htb.
C.a.
Cl.
1re H.
M.
A.
Je la tiendrai moi-même; regar _ de!
1° pp aussi doux que possible et expressif
El _ le ne rit pas... Elle est peti _ te...
4 1rs Vons Soli
arco
Vons
Alt.
Velle
C.B.
28
La chambre est envahie peu à peu par les servantes
p aussi doux que possible et expressif
Cors
El _ le va pleu_rer aus _ si... J'ai pitié d'el_le...
Tous div.
28 Même mouvt (sourd et agité)
p doux et expressif
più p
pizz
solo
p très doux
Tous pizz

du château qui se rangent en silence le long des murs et attendent.

30
Cors
mf
Go.
Que venez-vous faire i_ci?
Mais qu'est-ce que c'est donc?
Répondez!..
A
Ne parlez pas trop fort... El_le va dor_
30 au mouvt
Vons
arco
pizz
sf
p
più p
Alt.
Velle
arco
dim.
C. B.
Fl.
pp
Htb.
p expressif un peu en dehors
Go.
Ce n'est pas?..
A.
_mir; elle a fermé les yeux...
Ses yeux sont pleins de lar_mes. Mainte_
le M.
Non, non voyez; el_le respi_re...
Vons
div.
arco
pp
mf
mp très expressif
p
Alt.
Velle
C. B.

animez un peu

31 animez toujours

Fl.
Htb.
C. a.
Cl.
Bons
Cors
A.
le M.

A.: _nant c'est son â_me qui pleu_re... Pourquoi étend-elle ainsi les bras? Que veut-el_le?

le M.: C'est vers l'enfant sans doute.

animez un peu

31 animez toujours

Vons
Alt.
Velle

à 2

Htb.
C. a.
Cl.
Bons
Go.
le M.
Vons
Alt.

le M.: C'est la lutte de la mè_re con_tre...

Go.: En ce mo_ment? En ce moment? Il faut le di_re, di_tes!

div.

32
Fl.
Htb.
C. a.
Cl.
B^ons
Cors
1°
3°
Go.
di - tes...
Tout de sui - te?..
Oh! oh!
Il faut que je lui di - se...
le M.
Peut - ê - tre.
V^ons
Alt.
V^lle
C. B.
mf
cresc.
f
ff
dim.

douloureux et passionné
Fl.
Htb.
C. a.
Cl.
Bons
Cors
Go.
A.
cresc.
molto
Mélisan _ de! Mélisande!..
Laissez-moiseul!
Laissez-moiseul avec el _ le!
Non, non; n'approchez pas...
douloureux et passionné
Vons
Alt.
Velle
C. B.
pizz
arco
dim.

33
en retenant beaucoup
lent et grave
1r 2e
Fl.
p soutenu et expressif
dim.
pp
Htb.
C. a.
mf
cresc.
Cl.
Bons
Cors
1r H.
Go.
Ce n'est pas ma fau_te... Ce n'est pas ma
A.
Ne la troublez pas... Ne lui parlez plus...
Vous ne savez pas ____ ce que c'est que l'â _ me...
Vons
molto
Alt.
unis
Velle
più p
cresc.
expressif
C. B.

34 Doux et triste (un peu moins lent)
Fl.
p
più p e molto dim.
pp
p e molto dim.
C. a.
f
Cl.
Cors
1°
Fa
Trp.
pp doucement expressif
1e H.
Go.
fau - te!
A.
Atten - tion... Attention... Il faut parler à voix basse, mainte_nant.
Il ne faut plus l'inquié_
1r Von
expressif
sourdines
2d Von
Alt.
div. en 3
Velle
div.
dim.
C. B.
pizz
arco

Fl.
C. a.
Cors
1°
2°
4°
Trp.
1e H.
A.
_ter... L'âme hu_maine est très si_len_ci _ eu _ se...
L'âme hu _ maine aime à s'en al_ler seu _ _ le...
1r Von
2d Von
Alt.
div. en 3
Velle
C. B.

35
Fl.
C. a.
Cors
1e H.
A.
El_le souffre si timide _ ment.
Mais la tris _ tes _ se, Golaud...
Mais la tris_ tes _ se de tout ce que l'on
très retenu
unis
cresc.
Vons
Alt.
tous div.
2 Velles soli
Velle
C. B.
2 C.B. soli
Htb.
morendo
36
Cloche sur le théâtre
Timb.
En ce moment toutes les servantes tombent subitement à genoux au fond de la chambre
se retournant
voit...
Oh!
oh!
Qu'y a t'il?
piu pp
aussi pp que possible
pizz
arco
pizz. aussi pp que possible

Cl.
Cors
1°
3°
1er H.
Clo.
Timb.
A.
le M.
Vons
Alt.
Velle
C. B.
37
arco
sempre pp
Je n'ai rien vu. E_tes-vous sûr?..
Je n'ai rien entendu...
Elles ont raison...
Oui, oui.
Go.
oh!
oh!
Si vite, si vi_te...
El_les'en va sans rien di_re...
Ne restez pas i_ci, Golaud...
Dans une sonorité douce et voilée jusqu'à la fin et toujours très calme
div.
pp expressif
4 Alt. soli
4 Velles soli
1° 2°
più pp

38
Fl.
Cl.
Cors
1r H.
A.
Il lui faut le si_len_ce maintenant... Venez, ve _ nez... C'est ter_ri_ble, mais ce n'est pas votre faute... C'était un petit
Vons
Alt.
Velle
C. B.
tous
pizz
Fl.
Htb.
Trp.
Cors
A.
ê_tre si tran_quille, si ti _ mide et si si_lencieux... C'était un pauvre petit ê_tre mys_té_ri _ eux comme tout le mon _ de...
1° solo
avec sourdines
arco
div.
Vons
Alt.
Velle
C.B.

39
1° 2°
Fl.
très doux
C. a.
expressif et très doux
Cors
1°
Clo.
A.
Elle est là comme si elle é_tait la grande sœur de son en_fant...
Venez...
Il ne faut pas que l'enfant reste i_ci dans cette cham_bre...
39
div.
Vons
Alt.
Vlle
div.
C. B.
40
1°
Fl.
avec une expression pénétrante
1°
Htb.
avec une expression pénétrante
C. a.
Cors
1re H.
Clo.
A.
Il faut qu'il vi _ ve, mainte_nant a sa pla_ce
C'est au tour de la pauvre pe _ ti te.
40
Vons
Alt.
1°
div.
Vlle
C. B.

Fl.
Cors
Trp.
1re H.
Clo.
1r Von
2d Von
Alt.
Velle
1º
pp
sourdine
1º 2º
div.
ten
pizz
sourdines
ppp
RIDEAU

—FIN—